Filmemacherin, Journalistin und Autorin Hannah Winkler hat auf der Suche nach dem perfekten Brautkleid für ihre eigene Hochzeit zunächst das Internet durchforstet. Schnell klickte sie sich durch die gängigen Verkaufsportale und war überrascht, wie viele ungetragene Brautkleider hier zum Verkauf angeboten wurden. Die Kleinanzeigen hätten unterschiedlicher nicht sein können: Die meisten verrieten fast gar nichts, einige wenige erzählten hingegen offen von geplatzten Träumen, Enttäuschungen oder überraschenden Schwangerschaften. So entstand die Idee zu einem Buchprojekt über ungetragene Brautkleider. Unzählige Frauen schütteten Hannah Winkler ihr Herz aus. Die Bandbreite der Geschichten war riesig. Und dennoch hatten alle Erzählungen etwas gemeinsam: Die betroffenen Frauen haben ihre Hoffnung nie aufgegeben. Ganz gleich, welche Erfahrungen sie gemacht haben: Der Verkauf ihres Brautkleides war der Schritt in ein neues Leben.

HANNAH WINKLER wurde 1986 in Delmenhorst geboren und studierte in Bremen und Hannover Journalistik und Fernsehjournalismus. Heute lebt sie in Hannover und arbeitet als freiberufliche Filmemacherin, Journalistin und Autorin für verschiedene Redaktionen. Ihr Spezialgebiet: persönliche, echte und unverfälschte Geschichten, die berühren und bewegen.

Weitere Informationen finden Sie auf www.fischerverlage.de

HANNAH WINKLER

Verkaufe Brautkleid, ungetragen

Wahre Geschichten

FISCHER Taschenbuch

Mit Zeichnungen von Frauke Thiemig

Erschienen bei FISCHER Taschenbuch
Frankfurt am Main, Mai 2018

© 2018 S. Fischer Verlag GmbH,
Hedderichstr. 114, D-60596 Frankfurt am Main

Satz: Druckerei C.H.Beck, Nördlingen
Druck und Bindung: CPI books GmbH, Leck
Printed in Germany
ISBN 978-3-596-29863-1

Inhalt

Jedem Anfang wohnt ein Zauber inne *5*

Tanja *23*

Julia *47*

Miriam *65*

Faszination Brautkleid *79*

Demet *89*

Charleen *105*

Helen *119*

Ja, ich will … dieses Kleid *131*

Kerstin *141*

Josie *157*

Lilly *175*

Willkommen im Hochzeitswahn *195*

Astrid *201*

Katrin *213*

Emily *227*

Hannah *239*

Nachwort *249*

Jedem Anfang wohnt ein Zauber inne

> Leben ist das, was dir passiert,
> während du eifrig dabei bist,
> andere Pläne zu machen.
>
> JOHN LENNON

Irgendetwas ist anders an diesem Tag. Schon beim Aufstehen spüre ich, dass das kein normaler Samstag werden wird. Am Frühstückstisch bekomme ich kaum einen Bissen runter, ruhelos flüchte ich in Alltagskram und verbringe den Vormittag damit, die Küche und das Bad zu putzen. Ich sortiere den Müll und bringe das Altpapier weg. Danach räume ich endlich mal wieder meinen Schreibtisch auf und gehe einkaufen. So gelingt es mir nach und nach, dieses unruhige, flattrige Gefühl in meinem Bauch etwas zu bändigen.

Doch bereits am späten Nachmittag, meine To-do-Liste ist da gerade abgearbeitet – ich bin übrigens eine große Verfechterin von diesen kleinen gelben Post-it-Zettelchen –, ist es wieder da.

Ich bin gerade auf dem Weg zum Friseur in die Stadt. Es ist Ende Januar, der graue Winterhimmel verspricht wenig Abwechslung, aber mit jedem Schritt werde ich aufgeregter. Dabei habe ich nichts Aufwendiges vor, lediglich ein routinemäßiger Termin zum Spitzenschneiden steht an. Beim Friseur rutsche ich ungeduldig auf meinem Stuhl hin und her und begegne den Smalltalk-Versuchen meiner Friseurin unkonzentriert und einsilbig. Es dauert nur knapp eine Stunde, und dann verlasse ich den Salon auch schon wieder. Als ich in die Bahn in Richtung Zuhause einsteige, beginnen meine Hände plötzlich, ganz leicht zu zittern. Ich bin nervös. Richtig nervös.

Die Fahrt dauert etwa zehn Minuten, dann muss ich noch ein kurzes Stück zu Fuß gehen. Als ich die Eingangstür zu dem Haus öffne, in dem ich mit meinem Freund in der zweiten Etage wohne, zögere ich für einen kurzen Moment. Was ist nur los mit mir? Doch dann verdränge ich das unruhige Gefühl, hole tief Luft und nehme entschlossen die Treppen zu unserer Wohnung.

Angekommen in der zweiten Etage, erkenne ich durch die Glasscheibe der Haustür, dass in unserem Flur Kerzen brennen. Ich halte kurz inne, dann stecke ich den Schlüssel ins Schloss, öffne die Tür und betrete den Flur. An den sonst leeren Wänden hängen unzählige Fotos. Bilder von mir und meinem Freund Jonas. Fotos aus unseren zwei gemeinsamen Jahren. Die Schlafzimmertür ist verschlossen. Doch ich höre die vertrauten Klänge meiner Lieblingsband, ganz leise. Und auf einmal weiß ich, warum ich den ganzen Tag so aufgeregt war. Er wartet hinter dieser Tür auf mich. Ich atme noch einmal tief ein und aus. Dann öffne ich sie – und betrete mein neues Leben.

Als ich ein kleines Mädchen war, habe ich mir diesen Moment immer ausgemalt. Den Moment, in dem mich ein Mann fragt, ob ich ihn heiraten will. Und ich wusste damals auch ganz genau, wie meine Hochzeit und vor allem mein Hochzeitskleid aussehen sollten. Ich wollte in einem Traum in Weiß zum Altar geführt werden oder vielmehr dahin schweben, und mein Liebster sollte bei meinem Anblick zu Tränen gerührt sein. Dann wollte ich die ganze Nacht darin durchtanzen und von allen bewundert werden.

Als ich mit achtundzwanzig Jahren von meinem Freund – der Liebe meines Lebens, meinem Seelenverwandten und engsten Verbündeten – einen Heiratsantrag bekomme, bin ich der glücklichste Mensch auf der Welt und schwebe tatsächlich die nächsten Tage und Wochen drei Zentimeter über dem Boden – mit einem Dauergrinsen im Gesicht. Allerdings habe ich mich über die Jahre des Erwachsenwerdens verändert. Und von meinem romantischen Mädchentraum einer Prinzessinnen-Hochzeit ist nicht mehr viel übrig geblieben.

Im Gegenteil: Es bereitet mir großes Unbehagen, im Mittelpunkt zu stehen. Ich mag keine Überraschungen. Ich vermeide es, meinen Geburtstag zu feiern. Und ich bekomme nicht gerne Geschenke. In diesen Momenten verspüre ich immer den Drang, mich in Luft aufzulösen.

»Die perfekten Voraussetzungen für eine Hochzeit«, scherze ich, als ich mit meinem Freund – ich korrigiere: Verlobten – beim Japaner ums Eck unseren großen Tag plane. Doch Jonas steht wie immer voll und ganz hinter mir. Und so entscheiden wir in diesem Moment gemeinsam: Wir wollen unsere Liebe mit einer kleinen, feinen Sommerhochzeit zelebrieren. Romantisch und doch ein wenig rustikal soll sie sein. Vielleicht in einer Scheune oder irgendwo in der Natur. Es soll eher ein Fest mit unseren Liebsten sein statt einer großen Hochzeitssause: ohne Hochzeitstanz (zu viel Aufmerksamkeit), ohne Reden (die Gefahr, dass ich rot anlaufe, ist zu groß) und ohne Spiele oder sonstige Vorführungen (ich mag ja nicht mal Spieleabende). Wir beschließen, nur die engsten Freunde und Familienangehörigen einzuladen, planen also mit gerade einmal fünfunddreißig Gästen, was die Situation deutlich entspannter für mich macht.

Doch auf eines möchte ich, obwohl ich in Sachen Hochzeit inzwischen etwas pragmatischer denke als noch zu Kinderzeiten, dennoch nicht verzichten: das Brautkleid.

Zwar würde ich selbst nie Tausende von Euros für ein Kleid über die Ladentheke schieben, aber ich muss zugeben: So ein Brautkleid hat etwas Magisches an sich. Wer dreht sich schließlich nicht um oder bleibt stehen, wenn er eine Frau im Brautkleid sieht. Ich jedenfalls mag die Wirkung und den Anblick dieses Stückes Stoff der Liebe. In keinem anderen Kleidungsstück stecken schließlich mehr Hoffnungen, Wünsche und Träume. Ein Brautkleid ist eben der Höhepunkt einer jeden Hochzeit – und das schon seit mehreren Jahrhunderten.

Es wurde nicht immer in Weiß geheiratet, so wie es heute die meisten Bräute tun, doch das Brautkleid wurde schon immer mit viel Liebe und Bedacht ausgewählt. Bereits im alten Rom trugen die Frauen auf ihrer Hochzeit eine festliche Tunika, etwa knöchellang, kombiniert mit einer gelben Stola, gelben Sandalen und einem ebenfalls gelben Schleier. Das Kleid wurde mit einem hölzernen Gürtel tailliert, der zweimal geknotet wurde. Diesen sogenannten Herkulesknoten musste der Bräutigam nach der Hochzeit lösen.

Im Mittelalter war das Hochzeitsoutfit der Braut nicht weniger prachtvoll. Ganz im Gegenteil: Das Brautkleid galt als Statussymbol und war ein Indikator für Macht, Stellung und Reichtum. Während der Hochzeitszeremonie trug die Braut ein luxuriöses Kleid aus Samt, Seide oder auch Silber- und

Goldbrokat, verziert mit auffälligen Applikationen, Stickereien und Halbedelsteinen. Oft wurde auch das Familienwappen in das Kleid eingearbeitet. Beliebte Farben für das Brautkleid waren Blau, Grün und Rot.

Im 16. Jahrhundert wurde dann in allen Schichten der Gesellschaft mit Vorliebe in Schwarz geheiratet. Diese düstere Farbe betonte die Frömmigkeit der Trägerin und war praktisch zu reinigen. Auch konnte ein schwarzes Kleid öfter und eben nicht nur zur Hochzeit getragen werden. Angesagt waren strenge Schnitte und hochgeschlossene Kragen. Gerne trugen die Bräute aber auch lange Schleppen, Spitze und bestickte Schürzen.

Ende des 16. Jahrhunderts wurde dann erstmals ein weißer Schleier mit in das Hochzeitsoutfit eingebunden, als Kontrast zum schwarzen Kleid. Dieser neue Trend war der Startschuss für den Einzug der Farbe Weiß in den Heiratsmarkt – als Symbol für Reinheit, Jungfräulichkeit und Unschuld. Beliebt waren Kleider mit engem Oberteil und einem Korsett, das die Taille formte. Anfangs war diese Farbwahl jedoch den reichen Bürgern und dem Adel vorbehalten. Bis zum Ende des 18. Jahrhunderts waren weiße Brautkleider also eher die Ausnahme.

Abwechslungsreich wurde es dann im 20. Jahrhundert. Jedes Jahrzehnt sorgte hier für wechselnde Modetrends. In den zwanziger Jahren war der Charleston-Look angesagt, also gerade, schmale Schnitte, oft mit Beinschlitz. Auch wurden die Kleider in dieser Zeit immer kürzer und reichten zeitweise nur noch bis zum Knie.

Das änderte sich jedoch nach Kriegsende wieder. Die Mode

wurde züchtiger, die Kleider wieder länger und weiter. In den fünfziger Jahren wurden dann Petticoats, also weit schwingende Röcke und Kleider, zum Hingucker. Zehn Jahre später wurde der Minirock entdeckt und die Brautkleider wurden immer kürzer. In den achtziger Jahren sehnten sich dann plötzliche alle Bräute nach romantischen Kleidern und wollten wie Lady Di mit einer meterlangen Schleppe zu ihrem Prinzen zum Altar geführt werden.

Heute gibt es in der Hochzeitswelt nichts, was es nicht gibt. Die Hochzeitskleider haben die unterschiedlichsten Schnitte, Materialien und Farben. Die Braut darf jedes Kleid tragen, das ihrem Geschmack und individuellen Stil entspricht.

Es vergehen ein paar Monate nach dem Heiratsantrag, bis ich mich selbst das erste Mal dem Thema Brautkleid annehme. Das Datum für unsere Hochzeit steht inzwischen, wir haben uns für den Monat August entschieden, und laut einer Hochzeits-Timeline, die es in irgendeinem Brautmagazin kostenlos gab, sollten Bald-Bräute mindestens ein Jahr vor der Hochzeit mit der Suche nach dem Brautkleid beginnen. Also beschließe ich: Ich brauche ein Kleid. Und zwar am besten sofort.

Doch anders als wohl die meisten Bräute mache ich keinen Termin mit meinen Freundinnen, meiner Mutter, meiner Schwester oder anderen Familienmitgliedern in einem Brautmodenfachgeschäft. Nein, ich schaue zunächst im Internet nach meinem Traumkleid.

Eins steht längst fest: Ich möchte mein Kleid nicht wie üblich nur einmal in meinem Leben anziehen, sondern vielleicht auch noch einmal in den Jahren danach beim Spazierengehen am Strand, auf Cocktail-Partys oder tatsächlich zu meiner eigenen Silberhochzeit (vorausgesetzt, ich passe dann noch hinein). Daher soll es nicht allzu überteuert sein. Und auch nicht zu pompös. Sondern lieber etwas schlichter. Aber trotzdem natürlich irgendwie romantisch, extravagant, der Figur schmeichelnd, günstig, aber nicht billig, umwerfend, bezaubernd und wundervoll!

Die Suche nach dem perfekten Kleid, das merke ich schnell, gestaltet sich jedoch schwieriger als gedacht. Das kann natürlich auch daran liegen, dass ich mein Budget auf gerade einmal zweihundert Euro heruntergeschraubt habe. Und in den ersten Brautkleid-Onlineshops, die ich durchforste, kosten die meisten Kleider zwischen achthundert und tausend Euro. Wie ich lese, ist diese mittlere Preiskategorie die beliebteste. In dieser Preisspanne werden also die meisten Brautkleider gekauft. Ganz schön viel Geld für ein Kleid, oder?

Ich klicke mich weiter durch das Angebot. Und finde: klassische Kleider in A-Linie, pompöse Kleider im Duchesse-Stil, figurbetonte Meerjungfrauen-Kleider, Kleider mit Empire-Schnitt, Etui-Kleider, kurze Mini-Kleider und romantisch-verspielte Boho-Hippie-Kleider. Die Auswahl ist gigantisch! Es gibt sogar Kleider, die mehrere tausend Euro kosten. Wahnsinn!

Warum zur Hölle geben Frauen eigentlich solch ein Vermögen für ein Kleid aus, das sie nur an diesem einen Tag anziehen werden? Und das anschließend, eingeschweißt in Plastik, in der Dunkelheit des Schrankes sein Dasein fristet?

Der Grund dafür lässt sich vermutlich mit nur einem einzigen Wort beschreiben: darum. Weil Frauen es können – und wollen. Weil ihr Herz darüber entscheidet, welches Kleid sie tragen wollen. Weil es ihr Traum ist, in meterweise Tüll, Chiffon, Stickereien oder funkelnden Steinen – eben in diesem einen Gesamtkunstwerk – »Ja« zu sagen. Egal, ob das Kleid dabei zweckmäßig ist, sie sich darin überhaupt bewegen, darin atmen, auf die Toilette gehen können oder es dem Budget entspricht. Oft stellen Frauen sich ihre Hochzeit und ihr Kleid schon vor, lange bevor sie überhaupt den passenden Mann getroffen haben. Das Brautkleid wird manchmal sogar sorgfältiger ausgesucht als der Bräutigam. Da darf dann auch schon mal geklotzt werden.

Der Brautkleid-Planungs-und-Kauf-Rausch erstreckt sich dabei im Regelfall über gleich mehrere Wochen, manchmal sogar über Monate, und teilt sich in vier zentrale Phasen auf:

Erstens: Die Ideen-Sammlung

Wochenlang nehmen angehende Bräute das Internet, sämtliche Brautmagazine und Brautkleid-Kataloge auseinander, immer auf der Suche nach passenden Inspirationen. Die wichtigsten Bilder mit den Lieblingsbrautkleidern werden dann in Ordnern auf dem PC, dem Handy, in digitalen Bildkatalogen oder gleich überall gespeichert, so dass man sie zu jeder Zeit parat hat – natürlich auch beim ersten Besuch im Brautmoden-Laden. Und für Bräute, die sich nicht gleich entscheiden können, welcher Kleiderstil zu ihnen passt, für die gibt es im Internet und in den Magazinen Tests, Checklisten und Typberatungen. Manche Bräute verlassen sich bei ihrer Vorbereitung sogar ausschließlich auf die Sterne und wählen ihr Brautkleid passend zum Sternzeichen aus oder kaufen ihr Kleid an dem Tag, an dem der Mond günstig steht.

Zweitens: Der Kauf

Brautkleid-Berater empfehlen, spätestens sechs Monate vor der Trauung erstmals zur Anprobe ins Fachgeschäft zu gehen, am besten aber noch früher. Somit bleibt ausreichend Zeit für die Qual der Wahl, für Höhenflüge, Abstürze, Findungsphasen und Kaufentscheidungen. Für Freudentränen und Verzweiflungstaten.

Ist das Kleid erst einmal in der Tüte, beginnt die dritte spannende Phase.

Drittens: Die Anpassung

Kaum ein Brautkleid passt einer Braut auf Anhieb. Hier und da müssen Änderungen vorgenommen werden. Manchen Bräuten ist das Kleid zu groß, manchen zu klein, anderen zu lang. Ab und zu müssen noch Ärmel an das Kleid genäht oder Stickereien und Perlen entfernt werden. Diese Näharbeiten werden direkt vom Brautmoden-Laden oder einem externen Schneider übernommen. Die Highlights dieser dritten Phase sind jedoch nicht die Anpassung und das spätere Abholen des Kleides. Nein. Es sind die Spannung und Vorfreude, das Geheimhalten, die Phase drei so aufregend machen. Der Kauf des Brautkleides gleicht einer geheimen Mission. Nur die engsten Freunde und Familienmitglieder sind in der Regel eingeweiht und wissen, wie das Brautkleid aussieht. Das verbindet und schweißt zusammen.

Viertens: Der magische Moment

Seinen großen Auftritt hat das Brautkleid natürlich erst am Hochzeitstag. Dieser besondere Moment wird zelebriert, das Anziehen des Brautkleides wird vom Fotografen und Videografen für die Ewigkeit festgehalten. Hier gibt es nur einen

Versuch und vor allem kein Zurück mehr. Die Anspannung und Aufregung steigen ins Unermessliche. Wird der Bräutigam vor Freude in Tränen ausbrechen, wenn er die Braut das erste Mal in ihrem Kleid sieht? Wie wird das Kleid bei den Gästen ankommen? In diesem einen Augenblick, wenn alle Augen auf die Braut gerichtet sind, werden im besten Fall alle Wünsche, Träume und Hoffnungen der Brautkleid-Trägerin Wirklichkeit.

Ich habe schlichtweg keine Lust auf so ein Vier-Phasen-Hannah-sucht-und-kauft-ihr-Brautkleid-Event mit all meinen Freundinnen, meiner Schwester, meiner Mutter und jeder Menge Tränen. Oder zumindest rede ich mir ein, dass ich darauf keine Lust habe. Denn insgeheim bin ich wohl doch noch immer eine Romantikerin. Jedenfalls fesseln mich romantische Liebesgeschichten in Büchern und Filmen noch immer, und selbstvergessen fiebere ich ihrem Ausgang entgegen: Werden sich die Liebenden am Ende kriegen oder nicht?

Aber aus irgendeinem Grund gestehe ich mir jetzt, wo sich in meinem Leben plötzlich einiges um das Thema Heiraten dreht, diese romantische Seite an mir nicht so richtig ein.

Ich durchforste also weiter sämtliche Onlineshops nach meinem Traum in Weiß. Doch nichts überzeugt mich. Ich will kein klassisches Brautkleid, so viel steht fest. Und auch kein gebrauchtes Kleid, denn davon gibt es mittlerweile mindestens genauso viele. Unglaublich, aber wahr: Immer mehr Frauen geben ein Vermögen für ihr Kleid aus und verkaufen es direkt nach der Hochzeit weiter. Und meist finden sie für ihre Kleider sogar ziemlich schnell eine Abnehmerin. Ich habe mal gelesen, dass viele Bald-Bräute gerne gebrauchte Kleider kaufen, da es ihnen ein Gefühl der Sicherheit gibt. Viele Frauen haben dann weniger Angst, dass ihre Hochzeit platzen könnte, da sie in einem Kleid heiraten, das einer anderen Braut bereits Glück gebracht hat. Im Sinne der Nachhaltigkeit ist das bestimmt ein guter Gedanke, aber geht dadurch nicht der Zauber rund um das Brautkleid verloren? Wie dem auch sei, obwohl ich die Worte »klassisch« und »gebraucht« bei meiner Suche ausklammere, lande ich wenig später, tief versunken in meinem Brautkleid-Such-und-Kauf-Rausch, auf den gängigen Kleinanzeigen-Portalen. Ob es hier wohl auch neue, ungetragene Brautkleider gibt? Ein paar sicherlich. Ich gebe ohne große Erwartung die Stichworte »Brautkleid neu« und »Brautkleid ungetragen« nacheinander über die Suchfunktion ein. Und was ich dann finde, lässt meine eigene Brautkleid-Suche plötzlich zur Nebensache werden.

Tausende Brautkleider, die nie mit »Ah« oder »Oh« bewundert wurden, weil es für sie keine Hochzeit gab, werden hier zum Verkauf angeboten. Lange Kleider, kurze Kleider, Kleider mit Schleppe, Kleider ohne Schleppe, hochwertige Designer-Träume, günstige Importe aus Asien, Kleider mit A-Linie, im Meerjungfrauen-Stil, ohne Träger, mit Träger, mit Schnürung, mit Raffung, in den Farben Weiß, Creme, Ivory, manche mit Perlen bestickt, einige mit Diamanten besetzt. Bis auf ein paar Ausnahmen offenbaren die Anzeigen jedoch nicht, warum die Kleider ungetragen geblieben sind.

Natürlich lässt sich ein Brautkleid nur schwer verkaufen, das mit den Worten »Ich wurde kurz vor der Hochzeit verlassen« angepriesen wird – einer anderen Braut also kein Glück gebracht hat. Dennoch frage ich mich, warum die Kleider wohl nicht zum Einsatz kamen. Was ist wirklich passiert? Gab es vielleicht einen Streit? Hat er sie verlassen oder sie ihn? Oder ist einfach nur der Brautkleid-Rausch an allem schuld, weil die Bräute vor lauter Verliebtheit gleich mehrere Kleider gekauft haben und nun die ungetragenen wieder verkaufen möchten? Oder hat tatsächlich einer den anderen betrogen, sich vielleicht neu verliebt? Gab es womöglich diesen Holly-wood-Moment? Sie wissen schon: Der Pfarrer spricht die Worte »Wenn jemand der Anwesenden etwas gegen die Ver-bindung einzuwenden hat, möge er jetzt sprechen oder für immer schweigen«. Dann geht die Tür auf, und dort steht der bestaussehende Mann des Universums und schreit »Tu' es nicht!«, oder so ähnlich. Die angehende Braut dreht sich um, ihre Augen leuchten, sie sagt noch kurz »Ich kann das nicht, es tut mir leid!« und brennt dann mit ihrem Traummann durch. (So viel kann ich Ihnen an dieser Stelle schon einmal verraten: Dieses Szenario wird es in diesem Buch leider nicht geben.)

Welche Geschichten stecken also wirklich hinter all diesen Anzeigen? Ist das Erlebte immer traurig? Oder gibt es auch lustige und skurrile Gründe, warum ein Brautkleid nicht wie geplant zur Hochzeit getragen wird?

Ich merke, wie mich diese Fragen nicht mehr loslassen, wie meine eigene Brautkleid-Suche in den Hintergrund tritt, und beschließe, einfach mal nachzuhaken. Ich spüre instinktiv, dass hinter den Verkaufsanzeigen mehr steckt als ein »Ich bin verlassen worden« oder ein »Ich habe mich von meinem Ver-lobten getrennt«. Natürlich wären auch diese Antworten in einer Zeit angebracht, in der jede zweite Ehe geschieden wird, in der die Bindung an einen Internetanbieter länger währt als die meisten Beziehungen, und in der sich prominente Paare immer wieder nach wenigen Wochen trennen, obwohl sie in der Öffentlichkeit gerade noch von der Liebe ihres Lebens gesprochen haben.

Aber mit diesen vorgefertigten Antworten will ich mich nicht zufriedengeben. Und so vertage ich an diesem Morgen meine eigene Brautkleid-Suche und schreibe die ersten Verkäuferinnen an – denn ich bin neugierig auf die Geschichten hinter den Verkaufsanzeigen. Einige antworten mir tatsächlich binnen weniger Minuten. Ich mache weiter, immer weiter. Stück für Stück tauche ich ein in eine Welt, die in dem sonst so heilen, glatten Hochzeitszirkus keinen Platz findet.

Ich bin überrascht, wie offen die Frauen auf meine Anfrage reagieren. Einige schütten mir sofort ihr Herz aus. Viele schreiben mir einfach ihre ganze Geschichte auf; Wort für Wort, Moment für Moment. Andere weinen im Gespräch mit mir am Telefon. Und ich? Ich werde süchtig nach diesen Geschichten. Geschichten, wie sie nur das echte Leben schreiben kann, unendlich traurig, schockierend, kurios, aber auch lustig, herzerfrischend ehrlich und Mut machend.

In eineinhalb Jahren habe ich – und das ist wirklich nicht übertrieben – rund zweitausend Verkäuferinnen kontaktiert. Ich habe mit weit über hundert Frauen ausführlicher geschrieben und gesprochen. Ich habe danach oft schlecht geschlafen, weil mich die Geschichten so sehr bewegt haben. Dennoch bin ich drangeblieben.

Und die täglichen Recherchen, die vielen E-Mails und

Telefonate, die ich neben meinem Job und meinen eigenen Hochzeitsvorbereitungen geschrieben und geführt habe, haben sich gelohnt. Vom ersten Tag an. Ich habe gelacht und geweint. Ich habe so viel über das Leben nachgedacht wie nie zuvor. Ich habe mich mit der Liebe, mit Hochzeiten und Trennungen beschäftigt – und irgendwie auch mit mir selbst, meiner Kindheit, der Zeit des Erwachsenwerdens, meinen Wünschen und Träumen.

Und noch mehr als das: Mir wurden unbeschreiblich viel Offenheit und Vertrauen entgegengebracht. Von den unzähligen Beinahe-Bräuten und Brautkleid-Verkäuferinnen, die mir ihr Innerstes offenbart und mich ein Stück in ihre Gefühlswelt gelassen haben.

Eine Auswahl der Brautkleid-Geschichten, die mich am meisten berührt haben, finden Sie in diesem Buch. Es sind Geschichten aus dem Leben von Tanja, Julia, Miriam, Demet, Charleen, Helen, Kerstin, Josie, Lilly, Astrid, Katrin und Emily. Es sind fröhliche und traurige Momentaufnahmen, Aufrüttler, Mutmacher und Wegweiser. Geschichten, die wirklich so passiert sind.

Was mich bei meiner Arbeit für dieses Buch am meisten beeindruckt hat, ist, dass all diese Frauen, die mir ihre Geschichten erzählt haben, zu dem Zeitpunkt, als sie ihr Brautkleid gekauft haben, ganz konkrete Wünsche, Träume und Ziele hatten. Oder zumindest dachten sie das. Denn jetzt kommt der entscheidende Punkt: Obwohl das Leben einigen Brautkleid-Verkäuferinnen übel mitgespielt hat, obwohl das Schicksal oft alle Pläne über den Haufen warf, obwohl immer wieder Tränen geflossen sind und die Verzweiflung in vielen Momenten kaum auszuhalten war, hat keine dieser Frauen die Hoffnung aufgegeben. Die Hoffnung auf bessere Zeiten, auf ein Happy End oder einen Neuanfang. Okay, vielleicht im ersten klitzekleinen (Schock-)Moment. Doch die Frauen, von denen ich in diesem Buch erzählen werde, haben sich durch die schwersten Zeiten gekämpft und den Glauben an das Leben zurückgewonnen.

Im Mittelpunkt dieser Geschichten steht ein Kleidungsstück, in das jede einzelne Frau all ihre Hoffnungen gelegt hatte, das mit ganz viel Sorgfalt und Bedacht ausgesucht worden war und das den schönsten Tag noch hätte schöner machen sollen. Die Erwartungen und Wünsche an ein Brautkleid, das habe ich immer und immer wieder erfahren, sind absolut hoch. Zwar wird ein Brautkleid meist nur an einem Tag getragen, doch das ist nicht ausschlaggebend für die Auswahl. Ein Brautkleid ist eben mehr als nur ein normales Kleidungsstück. Es vereint das Gefühl des Glücks mit dem Gefühl der Liebe. Es muss zur Braut passen, ihre Schönheit unterstreichen und ihr das Gefühl von Sicherheit geben. Zu einem perfekten Partner und einer perfekten Hochzeit gehört eben auch ein perfektes Brautkleid. Und da werden keine Kompromisse gemacht.

Aber was passiert, wenn ganz plötzlich all die Träume, Wünsche und Hoffnungen, die in das Brautkleid projiziert wurden, wie eine Seifenblase zerplatzen? Wenn das Traumkleid auf einmal zum Albtraumkleid wird?

Dann bleibt der Braut eben nur eine Möglichkeit: Sie muss ihr ungetragenes Brautkleid so schnell wie möglich loswerden.

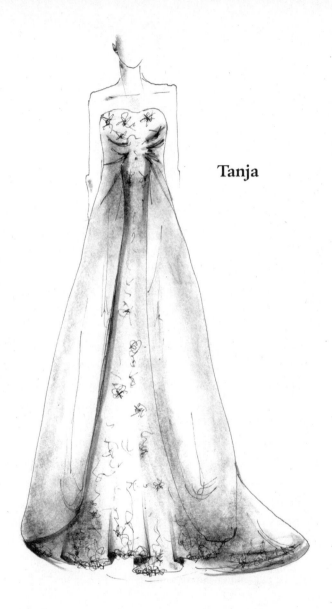

Ich sitze im Zug auf dem Weg zu einem Termin. Es ist noch früh am Morgen, die Sonne ist gerade erst aufgegangen, auf den Feldern liegt so dichter Nebel, dass der Boden kaum zu sehen ist. Ich nehme meine Kopfhörer, mache mir meine Lieblingsmusik an, und schaue aus dem Fenster. Während ich hinausblicke und die vorbeiziehenden Baumkronen beobachte, die ganz leicht im Wind schwingen, entziehe ich mich für einen kurzen Moment dem Gerede und Geraschel im Zug.

Doch so ganz abschalten kann ich heute offensichtlich nicht. Was für ein Sinnbild, denke ich beim Blick auf den Nebel und den dadurch verborgenen Grund. Wie sehr dieses morgendliche Schauspiel zu Tanjas Geschichte passt, zu dem Grund dafür, dass ihr Brautkleid noch immer ungetragen ist.

Manchmal leben Paare jahrelang Seite an Seite, ohne das wahre Ich des jeweils anderen, den Boden der Tatsachen, den unter dem Nebel verborgenen Grund wirklich zu kennen. Nichts ist tödlicher für eine Beziehung als Unaufrichtigkeit sich selbst und dem Partner gegenüber. Unehrlichkeit bringt jedes noch so stabile Fundament ins Wanken – und sorgt dafür, dass eine Liebe auf kurz oder lang kaputtgehen wird. Oder eben in einer totalen Katastrophe endet. So wie bei Tanja.

Als ich zum ersten Mal mit Tanja telefoniere, spüre ich sofort, wie schwer sie verletzt wurde. In ihrer Stimme liegt ein Hauch Melancholie, bei dem auch eine gewisse Resignation mitschwingt. Ohne Tanja wirklich zu kennen, glaube ich, dass ihr der Halt im Leben fehlt. Der Halt, den ihr ihre Jugendliebe Chris acht Jahre lang gegeben hat.

Tanja und Chris lernen sich zu Schulzeiten kennen. Sie sind Freunde, er hilft ihr regelmäßig bei den Hausaufgaben, gibt ihr Nachhilfe. Mit sechzehn Jahren wird für Tanja dann aus Freundschaft ganz plötzlich Liebe. Sie verliebt sich Hals über Kopf in Chris und nimmt bei einer Schulfeier all ihren Mut zusammen. Sie umarmt den Mann, nach dem sie sich so sehr sehnt. Chris weicht nicht zurück. Das ist Tanjas Bestätigung.

Es dauert jedoch weitere neun Monate, inzwischen ist sie siebzehn, bis sie ihn, wie sie selbst sagt, »bearbeitet hat«. Erst dann stehen sie offen zueinander.

Für Tanja geht damit ein Traum in Erfüllung. Endlich ist da ein Mann an ihrer Seite, dem sie vertrauen kann, der ihr den Halt gibt, den ihr ihre Familie nie so richtig geben konnte. Chris und sie sind Seelenverwandte, sie verstehen sich auch ohne Worte. Sie wissen immer direkt, was der andere fühlt, meint oder denkt.

»Wir haben uns richtig gut ergänzt. Und ich habe mich absolut geborgen gefühlt«, erzählt mir Tanja. »Wir hatten immer auch die gleichen Vorstellungen vom Leben. Wir hatten Zukunftspläne.«

Beide träumen davon, ein Haus zu bauen, zu heiraten, mindestens drei Kinder zu bekommen. Sie überlegen sich gemeinsam Namen für ihre Kinder und malen sich immer wieder aus, wie ihre Hochzeit aussehen soll. Doch sie sind sich auch sicher: Das alles hat noch etwas Zeit. Mit neunzehn Jahren zieht Tanja dann von zu Hause aus und macht eine Ausbildung zur Krankenschwester. Chris hingegen macht sein Abitur und will danach studieren.

Die Beziehung des Paares verläuft harmonisch. Tanja ist glücklich mit Chris an ihrer Seite. Nach fünf gemeinsamen Jahren sehnt sie sich aber immer mehr nach dem nächsten Schritt, einer gemeinsamen Weiterentwicklung. Sie zögert nicht und spricht ihre Sehnsüchte offen an.

»Ich habe so ein Verlangen danach, mich fest zu binden und eine Familie zu gründen«, offenbart sie ihm.

Doch Chris, mit dem sie früher stundenlang, ja manchmal sogar tagelang, übers Heiraten und Kinderkriegen philosophieren konnte, mit dem sie ihre Träume stets teilte, weist Tanja nun zurück.

»Wir sind noch so jung, lass uns noch etwas warten«, vertröstet er sie.

Zwar ist Tanja sichtlich enttäuscht, aber sie versucht, nach vorne zu schauen. Chris braucht noch etwas Zeit, und die will sie ihm geben. Irgendwann, da ist sie sich sicher, wird auch er bereit sein und ihr dann endlich die Frage aller Fragen stellen. Das ist schließlich auch sein Wunsch. Zumindest hat er das immer gesagt. Und Tanja vertraut ihm voll und ganz.

Und obwohl es Tanja schwerfällt, übt sie sich in Geduld. So ganz kann sie ihren innersten Wunsch, endlich den nächsten Schritt zu gehen, jedoch nicht verdrängen. Immer und immer wieder ertappt sie sich dabei, wie sie von ihrer Hochzeit mit

Chris träumt, wie sie sich ihr Brautkleid ausmalt, in Gedanken bereits das Aufgebot bestellt. In diesen Momenten überkommt sie so eine Vorfreude, so eine Aufregung, dass es ihr große Mühe bereitet, Chris weiter Zeit zu geben.

Doch es dauert noch ein ganzes Jahr, bis der Augenblick, auf den sie so lange gewartet hat, endlich Realität wird. Endlich ist es so weit.

Tanja und Chris sind auf dem Weg zu seiner Schwester in den Schwarzwald. Das kleine Örtchen liegt auf tausend Meter Höhe und ist umgeben von wunderschöner Natur. Der perfekte Ort für einen Heiratsantrag also, findet auch Chris. Die beiden fahren nicht direkt zu seiner Schwester, sondern nehmen einen kleinen Umweg. Chris schlägt vor, noch schnell im Wald Blumen zu pflücken. Margeriten, für den bevorstehenden Besuch. Das zumindest glaubt Tanja. Als die beiden mit dem gepflückten Blumenstrauß auf einer Waldlichtung ankommen, kniet Chris plötzlich vor Tanja nieder und stellt ihr die Frage, auf die sie so lange, so sehnlichst, gewartet hat.

Als Tanja mir von ihrem Antrag erzählt, klingt ihre Stimme auf einmal so leicht und unbeschwert. Von der Melancholie und der Traurigkeit, die ich noch am Anfang meine herauszuhören, ist auf einmal nichts mehr zu spüren. Obwohl die Erinnerungen an diesen Tag schmerzen, das gibt Tanja zu, ist und bleibt der Heiratsantrag ein Moment, an den sie gerne zurückdenkt. Denn in diesem einen Augenblick ist für Tanja alles perfekt. Chris findet die richtigen Worte, er hat einen wunderbaren Platz für den Antrag ausgesucht und in seiner Hand hält er ihre Lieblingsblumen. Als er sich vor ihr hinkniet, rast Tanjas Herz auf einmal so schnell, dass sie für einen kurzen Moment glaubt, gleich umzukippen. Diese pure Freude, die sie in diesem Moment empfindet, ist wohl eines der schönsten und leichtesten Gefühle, die es gibt. Den Rest des Tages erlebt Tanja daher wie im Rausch, sie ist absolut beseelt und überglücklich. Ihre Freude und Vorfreude sind kaum zu bändigen, am liebsten hätte sie ihr »Ja« noch auf der Lichtung in die Welt hinausgeschrien.

Aber es gibt einen Haken: Chris will nicht, dass Tanja ihre Freude teilt.

»Wir behalten das erst einmal für uns, okay?«, sagt er zu ihr, bevor Tanja auch nur den Wunsch äußern kann, es ihren Familien und Freunden mitzuteilen. Aber er kennt sie eben und weiß, wie lange Tanja bereits von diesem Tag geträumt hat.

Doch mit seiner vorschnellen Art, mit diesem einen Satz, nimmt er Tanja schlagartig all ihre Leichtigkeit und ihre Neugier auf die kommende Zeit. Tanja schwankt zwischen Euphorie auf der einen Seite und Frustration über die von Chris gewünschte Zurückhaltung auf der anderen Seite. Chris' Worte hallen in ihrem Kopf. »Ich darf nichts erzählen, ich darf zu niemandem etwas sagen. Wir behalten es erst einmal für uns, hat er gesagt.« Ihre Gedanken kreisen.

Nach einer kurzen Bedenkzeit ist sich Tanja jedoch sicher, dass sie sich nichts verbieten lassen will. Für sie ist der Heiratsantrag ihr Startschuss. Schließlich hat Chris sie gefragt, ob sie seine Frau werden will. Worauf also noch warten? Warum die Verlobung geheim halten? Tanja will die Hochzeit planen. Sie will ein Kleid kaufen. Sie will allen mitteilen, dass sie nun verlobt ist.

»Ich konnte es einfach nicht für mich behalten«, erzählt sie mir. »Ich habe direkt am nächsten Tag Chris' Vater davon erzählt.«

Der reagiert – zu Tanjas Überraschung – wenig erfreut, ist wie vor den Kopf gestoßen und ruft sofort seinen Sohn an, um ihn zur Rede zu stellen. Und das, bevor Tanja Chris überhaupt beichten kann, dass sie das mit der Verlobung nicht für sich behalten konnte. Chris' Reaktion auf den Anruf seines Vaters fällt daher wenig begeistert aus. Seine schlechte Laune lässt er wiederum an Tanja aus. Er hält ihr einen Vortrag und macht ihr Vorwürfe, dass sie ihren Mund nicht halten konnte. Für Tanja bricht eine Welt zusammen. Die Tatsache, dass sie ihr Glück nicht teilen darf, raubt ihr jegliche Energie.

Tanja tut mir leid. Am liebsten würde ich sie jetzt in den Arm nehmen. Doch uns trennen unzählige Kilometer. Wie schlimm es für sie gewesen sein muss, so zurückgewiesen zu werden. Wie sagt man so schön: Glück ist das Einzige, was sich verdoppelt, wenn man es teilt. Wenn man jedoch wie Tanja sein Glück nicht teilen darf, dann macht einen das einsam und unglücklich. Es lässt einen zweifeln.

Hat Chris ihr den Antrag vielleicht nur gemacht, damit sie endlich Ruhe gibt? Will er sie vielleicht gar nicht heiraten? Die Bedeutung dieses Moments erschließt sich ihr erst viel später. Bis Tanja versteht, warum Chris so reagiert hat, dauert es noch eine ganze Weile, etwas über ein Jahr.

Erst einmal will die junge Frau aber nur vergessen. Sie will sich von der Enttäuschung nach dem Antrag und der Auseinandersetzung mit Chris nicht die Stimmung verderben lassen. Schließlich hat ihr Chris einen Heiratsantrag gemacht.

Und welche Beweggründe er auch immer für den Ausraster danach gehabt haben mag, seine »Willst-du-mich-heiraten?«-Frage war ernstgemeint. Da ist sich Tanja sicher. Das hat sie gespürt. Und warum sollte er ihr auch etwas vormachen, sie anlügen. Dafür sind die beiden schon zu lange zusammen, haben zu viel durchgemacht. Oder hat er seine Frage vielleicht doch nicht ernstgemeint? Nein, das kann nicht sein. Tanja schiebt die Zweifel weg. Sie versucht, sich abzulenken, und stürzt sich voller Liebe und Freude in die Planung und Vorbereitung der Hochzeit. Und noch bevor die beiden sich überhaupt auf einen Termin geeinigt haben, noch bevor die Einladungskarten verschickt sind, widmet sich Tanja ihrer Brautkleid-Suche. Schon lange träumt sie von diesem Moment, von ihrem Traumkleid. Und nun endlich kann sie sich diesem Thema annehmen. Nur ein paar Tage nach dem Antrag vereinbart sie mit Chris' Tante einen Termin in einem Brautmoden-Laden. Eigentlich wollen sich die beiden erst einmal nur umschauen. Doch Tanja weiß, wenn sie ein Kleid findet, das ihr gefällt, dann will sie es auch kaufen. So ist sie eben.

Und tatsächlich wird die junge Braut direkt fündig. Es ist das zweite Kleid, das sie anprobiert und in das sie sich Hals über Kopf verliebt. Ein langes Kleid in der Farbe Ivory, in einer klassischen A-Linie, mit Schnürung am Rücken, kleiner Schleppe, Raffungen im Brustbereich und dezenten Stickereien.

»Das ist mein Kleid. Es ist so toll, so schön«, schwärmt sie beim Blick in den Spiegel. Ihre Augen leuchten. Das Kleid passt auf Anhieb. Auch die Verkäuferin und Chris' Tante sind begeistert. Das Kleid steht ihr, schmeichelt ihrer Figur, ist angenehm und leicht zu tragen. Tanja fackelt daher nicht lang. Nach einem erneuten, prüfenden Blick in den Spiegel ist sie sich sicher. Das ist ihr Brautkleid. In diesem Kleid will sie Chris heiraten.

»Ich habe es dann tatsächlich einfach so gekauft. Für 1080 Euro«, erzählt sie mir und lacht. Es ist das erste Mal, dass ich Tanja lachen höre.

Als Tanja nach Hause fährt, erzählt sie Chris und seiner Familie strahlend, stolz und voller Euphorie, dass sie soeben ihr Kleid gekauft hat. Doch ihre Begeisterung findet keinen Anklang. Niemand freut sich für sie und mit ihr. Chris ist entsetzt, ihre zukünftigen Schwiegereltern werfen ihr an den Kopf, »unüberlegt« gehandelt zu haben. So eine Hochzeit müsse man schließlich genau planen. Tanja sackt in sich zusammen. Sie ist traurig, wütend, verletzt und enttäuscht zugleich. Warum will nur keiner ihre Freude teilen?

Es vergehen wieder ein paar Monate. Der geplante Hochzeitstermin rückt immer näher, aber die Planungen stagnieren. Tanja bleibt nichts anderes übrig, als sich damit zu arrangieren, dass der Tag, den beide sich gemeinsam für ihre Hochzeit ausgesucht hatten, wohl nicht wie geplant stattfinden wird. Denn egal was sie ihrem Verlobten auch vorschlägt, Chris zieht sich immer mehr zurück. Für ihn ist die Hochzeit plötzlich kein Thema mehr. Im Gegenteil: Er beschließt, statt weiterhin die Hochzeit zu planen, sich erst einmal seine eigenen Träume zu erfüllen. Er fasst den Entschluss, für mehrere Monate ins Ausland zu gehen. Und Tanja lässt er zurück.

»Da habe ich gewusst, das ist der Anfang vom Ende. Doch

ich wollte es in diesem Moment einfach noch nicht wahrhaben«, sagt sie.

Tanja glaubt weiterhin fest an die Beziehung, an ihre Liebe zu Chris und daran, dass auch er sie liebt. Sie übersteht die Monate, die er im Ausland ist, mit Warten und Hoffen. Sie glaubt, wenn Chris zurück ist, dann finden beide endlich wieder die Ruhe, sich um sich und um die Hochzeit zu kümmern. Die Reise verändert Chris. Das erste Wiedersehen ist kühl und ernüchternd. Chris reagiert verhalten, er fragt weder, wie es Tanja geht, noch wie es mit den beiden weitergehen soll. Stattdessen erzählt er stolz von seinen Plänen, die Welt bereisen zu wollen, von Land zu Land, von Ort zu Ort.

Für Tanja ist diese Vorstellung genau das, was sie nicht möchte. Zu oft ist sie als Kind schon umgezogen, immer und immer wieder musste sie bei null anfangen, hat nirgendwo wirklich ankommen können, so dass sie sich jetzt nur noch nach einem festen Zuhause und einer stabilen Beziehung sehnt. Natürlich überlegt sie, ihre Träume für Chris aufzugeben. Natürlich fragt sie sich, ob es sich lohnen würde, sich für ihn zu verändern. Sie spürt, dass das keinen Sinn machen würde, dass sie dadurch nur noch unglücklicher wäre. Doch Tanja ist auch noch nicht bereit, einen Schlussstrich zu ziehen. Also wartet sie weiter ab – bis zu ihrem achten Jahrestag, wenige Monate später. An diesem Tag überrascht Chris seine Verlobte mit einem Strauß Blumen. Tanja kann ihre Freude darüber kaum zurückhalten –, bis sie den Zettel entdeckt, der in dem Strauß steckt. Sie bricht zusammen.

»Danke für die letzten acht Jahre«, steht darauf geschrieben.

Mehr nicht. Es ist ein Abschiedsbrief. Es ist Chris' Art und Weise, Tanja zu sagen, dass ihre Beziehung gescheitert ist.

Nach der Trennung von ihrer großen Liebe, dem Mann, den sie heiraten wollte, zieht Tanja sich zurück. Halt findet sie in dieser Zeit vor allem bei ihrem besten Freund. Er unterstützt sie, öffnet ihr die Augen, stärkt ihr Selbstvertrauen, ist immer für sie da. So vergehen ein paar Wochen, Tanjas Sehnsucht nach Chris wird nicht weniger, im Gegenteil. Ihr Wunsch nach Nähe, Zweisamkeit und einer gemeinsamen Zukunft bestimmt den Moment. Und so bittet sie Chris wenig später um ein Treffen.

Das Gespräch der beiden fällt auf Tanjas Geburtstag.

»Ich kam nach Hause, und es war alles so komisch normal. Chris hatte mir einen Kuchen gebacken und auch Blumen gekauft«, erinnert sich Tanja.

Doch in ihrem Innersten spürt sie, dass sich etwas verändert hat. Irgendetwas ist anders. Denn Chris redet kaum, er schaut ihr nicht direkt in die Augen, weicht stattdessen ihrem Blick aus. Tanja spürt sofort: Es gibt kein Liebescomeback, er will sie nicht zurück. All ihre Hoffnung, die sie in dieses Treffen gelegt hatte, löst sich in diesem Moment in Luft auf. Das Gespräch, um das sie ihre große Liebe gebeten und von dem sie sich so viel erhofft hatte, wird zum Reinfall, ein erneuter Stich ins Herz. Tanja packt kurzerhand ihre Sachen zusammen und zieht zu ihrem besten Freund.

Es vergehen ein paar Tage, dann nimmt Tanja erneut Kontakt zu Chris auf. Sie will sich noch einmal mit ihm treffen, denn sie ist nach wie vor voller Liebe für ihn. Sie will, dass er ihr direkt ins Gesicht sagt, dass es aus ist. Nur so, glaubt sie, kann sie endlich einen Schlussstrich ziehen. Nur so kann sie endlich nach vorne schauen.

»Dieser Tag war ganz schrecklich für mich«, erinnert sich Tanja. Ihre Stimme beginnt leicht zu zittern. »Es war heiß und stickig, aber ich habe gefroren. Wir sind etwas essen gegangen, aber ich habe nicht mehr als ein Glas Wasser runterbekommen. Er hingegen hat eine ganze Pizza verschlungen, wirkte total entspannt und gutgelaunt. Er kam mir vor wie ein zwitscherndes Vögelchen.« Tanja lacht leise, etwas verlegen. Das Gespräch der beiden verläuft anders als geplant. Die klare Ansage, die Tanja sich so sehr gewünscht hatte, dieses eine deutliche »Es ist aus«, bekommt sie nicht zu hören. Stattdessen wählt Chris einen anderen Weg, um Tanja klarzumachen, dass es keine gemeinsame Zukunft mehr für die beiden gibt. Während sie gemeinsam am Tisch sitzen und Tanja unsicher an ihrem Wasser nippt, erzählt ihr Chris voller Stolz von seinen Zukunftsplänen. Im Detail beschreibt er ihr, wie er die Wohnung jetzt, wo Tanja ausgezogen ist, umgestalten will. Und er betont, wie sehr er sich für sie wünsche, dass sie eines Tages einen Mann findet, der ihr das geben kann, was sie braucht. Der sie glücklich machen kann.

In diesem Moment spürt Tanja ganz deutlich, dass sie Chris, so sehr sie es sich auch gewünscht hat, nicht umstimmen kann. Auch wenn er ihr es nicht direkt gesagt hat, ihr Herz weiß, dass es nun für immer vorbei ist. Sie hat ihn verloren.

Ich habe in meinem Leben schon so einige Trennungen durchlebt, mal mehr und mal weniger intensiv. Diese ständige

Frage nach dem Warum treibt einen in den Wahnsinn, raubt einem die Kraft, zerstört das Herz und manchmal auch den Verstand. Es ist schwierig, mit einer Beziehung abzuschließen, für deren Ende es keinen offensichtlichen Grund gibt. Auch wenn die Beziehung vielleicht nicht immer perfekt war und die romantische Liebe schon lange dem Alltag zum Opfer gefallen ist, mit so einer plötzlichen, wortlosen Trennung kommen nur die wenigsten zurecht.

Ich habe während meiner Recherche für dieses Buch mit vielen Frauen gesprochen, denen es ähnlich ergangen ist wie Tanja, die ebenfalls von heute auf morgen verlassen worden sind. So unterschiedlich die Auslöser hierfür auch gewesen sein mögen, alle Geschichten hatten etwas gemeinsam. Auf den Beziehungen lastete, bevor es zur Trennung kam, ein enormer Druck: Erwartungsdruck, Veränderungsdruck, Entscheidungsdruck, Zeitdruck, Leistungsdruck, Druck, der den Alltag bestimmte und der sicherlich auch dazu führte, dass aus dem »Wir« ein »Ich« wurde.

Denn Druck erzeugt Anspannung, nimmt einem die Leichtigkeit. Und wenn Paare dann nicht offen und ehrlich zueinander sind, dann muss die gemeinsame Route neuberechnet werden. Und oft folgt dann die Trennung.

So wie bei Tanja. Ein Auslöser für das Scheitern ihrer Beziehung war ganz sicherlich der hohe Erwartungs- und Entscheidungsdruck, Tanjas unbändiger Wunsch, endlich zu heiraten und eine Familie zu gründen. Immer und immer wieder erinnerte sie Chris daran, weil sie davon ausging, dass er genauso fühlen würde wie sie. Schließlich hat er oft genug gesagt, dass er mit Tanja sein Leben verbringen will. Tief in seinem Inneren hatte Chris andere Wünsche, Bedürfnisse und Vorstellungen für sein Leben. Welche das sind, erfährt Tanja eher zufällig, Wochen nach der Trennung.

Das letzte Treffen mit Chris liegt erst ein paar Wochen zurück, da nimmt Tanja erneut Kontakt zu ihm auf. Dieses Mal geht es ihr allerdings nicht um eine weitere Aussprache. Nein, Tanja hat verstanden, dass es kein Zurück gibt. Doch es gibt noch etwas, was die beiden nach wie vor verbindet: Tanjas Brautkleid. Das Kleid hängt noch in der einst gemeinsamen Wohnung. Tanja hat es bei ihrem fluchtartigen Auszug vergessen mitzunehmen. Und jetzt hat sie beschlossen, es zu verkaufen; jetzt, wo sie es nicht mehr braucht. Tanja fackelt also nicht lange, schreibt Chris eine Nachricht, dass sie auf dem Weg zu ihm ist.

Als Tanja vor der Haustür steht, zögert sie einen Moment. Dann nimmt sie all ihrem Mut zusammen und betritt die Wohnung. Chris erwartet Tanja bereits, die beiden wechseln ein paar Worte, dann geht Tanja ins Schlafzimmer, um ihr Kleid zu holen. Und während sie den Raum betritt, fällt ihr Blick kurz auf ihr Bett. Erst im Nachhinein wird ihr bewusst, was sie gesehen hat.

»Unser Bett sah aus, als würde es von zwei Leuten benutzt«, erinnert sie sich. Doch in dem Moment denkt sie nicht weiter darüber nach. Sie nimmt ihr Kleid und entdeckt beim Blick in den Schrank noch ein paar weitere Sachen von sich, an die sie gar nicht mehr gedacht hatte. Tanja geht ins Wohnzimmer, um sich eine Tüte zu holen, in die sie die Kleidungsstücke packen kann. Sie hat sich vorgenommen, nur ganz kurz hierzubleiben. Also beeilt sie sich. Als sie das Wohnzimmer betritt, fällt ihr Blick aufs Sofa.

»Da saß ein Kerl«, sagt sie. »Er stand auf, stellte sich mir vor. Wir haben uns kurz zu dritt unterhalten. Nur ganz oberflächlich. Smalltalk eben. Und dann bin ich auch schon wieder gegangen.«

Sie packt ihre restlichen Sachen zusammen, nimmt ihr Brautkleid und verlässt nach einer kurzen Verabschiedung die Wohnung. Tanja begreift in diesem Moment nicht, dass der andere Mann in der Wohnung der Grund für ihre geplatzten Träume ist.

Erst als sie abends mit ihrem besten Freund zusammensitzt und sie ihm ungezwungen von ihrem Tag erzählt, von der Begegnung mit Chris und von dem Mann im Wohnzimmer, bekommt sie Gewissheit.

»Du, ich glaube, Chris ist schwul«, sagt sie. Eher beiläufig, in einem Nebensatz. Es soll ein Scherz sein.

Ihr bester Freund erstarrt. Er sagt nichts. Nach einer kurzen Pause des Schweigens nickt er. Tanja hat den Nagel auf den Kopf getroffen.

Und in diesem Moment fällt es ihr wie Schuppen von den Augen: das benutzte Bett. Der Mann auf der Couch. Der Heiratsantrag, den Chris, wie er kurz vor der Trennung in einem Streit mal sagte, nur ihr zuliebe gemacht hatte, damit sie »endlich Ruhe gibt«. Das ungute Gefühl. Die fehlende Sicherheit.

Tanjas Gedanken kreisen. Sie hatten sich doch geliebt. Sie hatten gemeinsame Pläne, wollten heiraten, Kinder kriegen, ein Haus bauen. So oft hatten sie darüber gesprochen. Hatte er ihr wirklich acht Jahre lang etwas vorgemacht? Und wenn ja, warum war er nicht ehrlich? Er hätte sie schützen können. Warum stand er nicht zu seinen Gefühlen? Und warum hatte sie bloß nichts gemerkt? War es ihre bedingungslose Liebe für Chris, die sie blind gemacht hatte? War es ihr absolutes Vertrauen in ihn und seine Liebe? Hätte sie es früher merken müssen? Hatte sie deswegen niemandem von den Hochzeits-plänen erzählen sollen? Weil alle bereits wussten, dass es diese Hochzeit niemals geben würde?

Es gibt zwei Arten von Schmerz: der, der dir weh tut, und der, der dich als Mensch verändert. Tanja hat beide Arten ge-spürt. Direkt nach der Trennung, ein paar Wochen und auch noch Monate später. Ja, und auch heute leidet sie noch. Ihr Glaube an die Liebe wurde, wie sie selbst sagt, zerstört. Denn statt zu sich selbst zu stehen, sein eigenes Ich zu akzeptieren und auch zu leben, hat ihr Verlobter vorgegeben, jemand zu sein, der er nicht ist. Natürlich ist so ein Coming-Out nicht einfach, weil es eben noch viel zu viele engstirnige und intole-rante Menschen da draußen gibt, das hält auch Tanja ihm zugute.

Doch hätte er sie da mit reinziehen müssen? Chris hat ihr mit seinem Handeln – welche Beweggründe er auch immer dafür gehabt haben mag – den Boden unter den Füßen weg-gezogen. Vor allem dadurch, dass er ihr stets das Gefühl ge-geben hat, ihre Gefühle gleichermaßen zu erwidern. Indem er sie fragte, ob sie seine Frau werden will.

Während meiner Recherche für dieses Buch habe ich eine weitere Geschichte gehört, die genau zu der von Tanja und

Chris passt. Nur ist es hier die Braut, die lange Zeit nicht wahrhaben will, dass sie in ihrer Beziehung nicht glücklich ist.

Als Kim ihren Verlobten kennenlernt, empfindet sie schon so etwas wie Liebe für ihn, erklärt sie mir. Sie fühlt sich in seiner Gegenwart wohl, und sie ist gerne mit ihm zusammen. Okay, es ist kein aufgeregtes Kribbeln da und auch keine richtige Anziehungskraft, und es macht ihr eigentlich auch nichts aus, ihn mal längere Zeit nicht zu sehen.

»Ich habe das irgendwie als normal abgetan. Es gab halt einfach nichts, was mich gestört hat. Aber eben auch nichts, was mich total verliebt gemacht hätte«, sagt sie. Eigentlich will sie zu diesem Zeitpunkt nur noch nicht wahrhaben, wie sie wirklich fühlt. Genau wie Chris lebt auch Kim in einer eher ländlichen Region. Ihre Eltern erziehen sie recht konservativ, und so nehmen die Dinge ihren Lauf. Mit Mitte zwanzig beschließt sie, nach fünf Jahren Beziehung, den nächsten Schritt zu wagen. Als sie den Antrag bekommt, schießen ihr Fragen in den Kopf. Will sie das wirklich? Heiraten? Kinder kriegen? Für immer zusammen sein? Doch Kim muss immer wieder an die Worte ihrer Mutter denken: »Torben ist der perfekte Mann zum Heiraten.« Ihre Mutter hat recht. Es spricht nichts gegen ihn. Torben ist lieb, nett, ehrlich, er ist immer für sie da, er tut alles für sie, legt ihr die Welt zu Füßen. Also sagt sie, nach einem kurzen Moment des Zögerns, »Ja«. Das Paar legt das Hochzeitsdatum fest, sie fangen an zu planen und Kim kauft sich ein Brautkleid.

»Alles war so kurz und schmerzlos«, beschreibt sie diese Zeit. »Doch irgendwann, da waren es nur noch wenige Monate bis zur Trauung, habe ich jemand Neues kennengelernt. Durch einen Zufall. Auf einmal stand sie da.«

Das, was Kim lange Zeit nicht wahrhaben wollte, wird ihr schlagartig bewusst, als sie Maike trifft. Kim ist fasziniert von dieser Frau. Sie ist hin und weg und kann plötzlich an nichts anderes mehr denken. Da ist ein Kribbeln, eine unbändige Anziehungskraft. Sie muss ohne Pause an diese Frau denken. Die Hochzeit rückt näher und gleichzeitig tritt sie in den Hintergrund. Maike und sie treffen sich, immer und immer wieder, irgendwann sogar täglich.

Am Anfang erfindet Kim ihrem Verlobten gegenüber Ausreden, warum sie wieder einmal keine Zeit für ihn hat. Sie spürt aber, dass sie mit diesen Lügen nicht weiterkommt, und zieht die Notbremse. Acht Wochen vor der Hochzeit fasst sie all ihren Mut zusammen und beichtet ihm, dass sie sich in eine Frau verliebt hat. Sie will ehrlich sein, ihr Leben genau so leben. Ohne ihren Verlobten, ihre Hochzeit, ihr Brautkleid. Dafür mit Maike an ihrer Seite.

Auch in meinem Leben gab es Phasen, da habe ich mir so sehr einen Partner gewünscht, dass ich meine wahren Bedürfnisse, mein wahres Ich, ignoriert und verdrängt habe. Und mit jedem Streit, mit jedem Moment, in dem ich gemerkt habe, dass mein Freund und ich eigentlich gar nicht zusammenpassen, habe ich umso verzweifelter an der Beziehung festgehalten. Den Ich-verbiege-mich-für-die-Liebe-Höhepunkt erlebe ich mit Mitte zwanzig. Es ist eine Zeit, in der es mir gut geht. Ich habe gerade mein Studium beendet, arbeite festangestellt in einer Onlineredaktion und genieße mein Leben in vollen Zügen. Und in dieser Zeit lerne ich einen Typen kennen. Einen Mann, der mir sofort gefällt. Der mich von Sekunde eins magisch anzieht. Die erste Zeit des Kennenlernens ist wundervoll, was mich glauben lässt, endlich den Richtigen gefunden zu haben. Doch dann bei einem Spaziergang in der Frühlingssonne durchzieht ein Gewitter meine rosarote Welt.

Die Begrüßung fällt auch an diesem Tag herzlich aus. Die Stimmung ist leicht und beschwingt –, bis er mich fragt, wie es mir geht, und ich auf diese vermeintlich belanglose Frage mit »sehr gut« und einem strahlenden Lächeln antworte. In diesem Moment schlägt der Blitz zwischen uns ein. Denn meine ehrliche Antwort – schließlich könnte es mir gerade nicht besser gehen, ich habe Wünsche und Träume und bin der festen Überzeugung, endlich den richtigen Partner gefunden zu haben – setzt ihn unter Druck. Er wirft mir an den Kopf, dass ich alles kaputtmachen würde. Mit meiner guten Laune, meiner Lebensfreude, meiner Liebe. Er könne damit nicht umgehen, er würde dabei »Fluchtgedanken« entwickeln. Seine Worte sind in diesem Moment ein richtiger Schock und verletzen mich sehr. Doch das Schlimmste ist, dass ich für einen Moment tatsächlich darüber nachdenke, mich für ihn zu ändern. Absurd, oder? Ich ziehe es tatsächlich in Erwägung, unglücklich zu sein, um endlich mit meiner vermeintlichen großen Liebe glücklich sein zu können. Ein paar Tage später wird mir schlagartig klar, dass ich gerade dabei bin, den größten Fehler meines Lebens zu machen. Ich sitze mit einer Freundin auf ihrem Balkon, wir trinken Wein, und ich erzähle ihr von meinen Sorgen. Und dann stellt sie mir diese eine Frage.

»Was hat er eigentlich bislang für dich getan, damit du glücklich bist?«

»Warte«, sagte ich zögerlich. Ich überlege und überlege. Mir fällt nichts ein. Ich weiß auf diese Frage einfach keine Antwort.

»Wenn ich jetzt darüber nachdenke und ehrlich zu mir selbst bin: Er hat nichts für mich getan. Zumindest nichts, damit es mir gutgeht.«

Das zu realisieren ist schmerzhaft.

Tanja braucht Jahre, um den Schock zu verdauen und zu lernen, mit der Situation umzugehen. Es gibt sogar eine Zeit direkt nach der Trennung von Chris, da ist sie so kraftlos und so unglücklich, dass sie überlegt, sich selbst in eine Klinik einzuweisen. Doch ihr bester Freund hat eine andere Idee: Er rät Tanja, sich einen Hund zuzulegen. So ist sie gezwungen, jeden Tag vor die Tür zu gehen, und so hat sie jemanden, der ihr Liebe und Wärme schenkt. Tanja holt sich einen Hund aus dem Tierheim. Diese Entscheidung rettet in gewisser Weise sogar ihr Leben, denn ganz plötzlich kann sich Tanja nicht mehr verstecken. Mit diesem neuen, tierischen Begleiter an ihrer Seite geht es ihr besser. Aber die Momente, in denen sie die Traurigkeit überkommt, sind nach wie vor da.

Sie liebe Chris auch heute noch, sie träume oft von ihm, erzählt sie mir. Sie fragt ihn ab und zu um Rat, seine Meinung ist ihr nach wie vor wichtig. Seine Nähe und seine Liebe fehlen ihr.

Um endlich mit Chris und ihrer gemeinsamen Zeit abzuschließen, beschließt Tanja, ihr Brautkleid – fast vier Jahre nach der Trennung – zu verkaufen. Die Trennung von ihrem Traumkleid ist so etwas wie ein symbolischer Neubeginn. Denn durch den Entschluss, das Kleid zu verkaufen, kann sich Tanja endlich von den immer wiederkehrenden, zermürbenden Gedanken und der Traurigkeit lösen, die der Anblick des Kleides mit sich bringt.

Tanja ist eine von vielen Fast-Bräuten, die den Verkauf des Brautkleides zunächst hinauszögern. Viele Frauen tun sich schwer, all die Hoffnungen, Wünsche und Träume, die sie mit dem Kleid verbunden haben, loszulassen. Der Wunsch, dass das Kleid doch noch zum Einsatz kommt, dass der richtige Mann doch noch in ihr Leben tritt, für den sie dann das Kleid tragen können, ist einfach zu groß. Aber irgendwann hält die Realität Einzug in den Kleiderschrank. Die eigenen Vorstellungen und der eigene Geschmack verändern sich über die Jahre. Selbst wenn irgendwann der passende Partner gefunden wird, ist das noch keine Garantie dafür, dass das Brautkleid dann zum Einsatz kommt. Plötzlich fühlt es sich nicht mehr richtig an, das Kleid, das für einen anderen bestimmt war, nun für jemand Neues zu tragen. Oder wie im Fall von Tanja: Der Glaube daran, dass das Kleid jemals zum Einsatz kommen wird, ist einfach zerbrochen. Einige Fast-Bräute gehen sogar noch einen Schritt weiter. Statt ihr Kleid zu verkaufen, zerstören sie es. Inzwischen gibt es zahlreiche Fotografen, die sogenannte »Trash the dress«-Shootings anbieten, also Fotoshootings, in denen die Braut ihr Brautkleid noch einmal trägt und es dann mit Farbe beschmiert, sich darin im Dreck wälzt, damit ins Meer springt oder es in kleine Stücke zerschneidet. Diese Frauen sehnen sich nach einer Erinnerung an ihr Brautkleid in Fotoform und suchen zugleich einen Weg, sich von all dem Ballast, den sie damit verbinden, zu lösen. Sie setzen sich und das Kleid also noch einmal in Szene, und manchmal wirkt es, als wollten sie nicht nur sich selbst, sondern auch ihrem Fast-Bräutigam damit beweisen, dass sie über die Trennung und die unschönen Erlebnisse hinweg sind, die dazu geführt haben, dass es keine Hochzeit gab. Selbst Popdiva Mariah Carey besitzt, oder vielmehr besaß, ein ungetragenes Brautkleid. Die Sängerin hat ihren ganz eigenen, extrovertierten Weg gefunden, um mit ihrem Fast-Ehemann, dem australischen Milliardär James Packer, abzurechnen. Die Geschichte der beiden ist schnell erzählt: Das Paar lernt sich auf einer Filmpremiere kennen, sie verstehen sich sofort, lachen zusammen. Laut Mariah Carey ist dieser Moment des ersten Aufeinandertreffens »magisch«. Doch es dauert seine Zeit, bis die beiden ihre Beziehung öffentlich machen.

Dann geht alles sehr schnell: Es folgen gemeinsame Urlaube, öffentliche Auftritte und das Zusammenziehen in eine gemeinsame Wohnung. Dann macht er ihr einen Antrag und schenkt ihr einen Zehn-Millionen-Dollar-Verlobungsring. Doch kurz vor der geplanten Hochzeit, nach zwei gemeinsamen Jahren, trennt sich James Packer von der Sängerin. Wenn man der Klatschpresse vertrauen darf, dann sind es die absurden Ehevertrags-Forderungen der Popdiva, die zum Bruch führen.

Anstatt aber ihr ungetragenes Brautkleid zu verkaufen und die Einnahmen für einen guten Zweck zu spenden, so wie viele Promis das ja mit sämtlichen Kleidungsstücken und aus den unterschiedlichsten Anlässen machen, sorgt Mariah

Carey mit ihrer Art der Verarbeitung, oder vielmehr Abrechnung, für Gesprächsstoff. Anstatt also vor dem Traualtar »I do« zu sagen, schreibt die Sängerin einen Song mit dem Titel »I don't« und wirft am Ende des dazu produzierten Videos ihr Brautkleid ins Feuer. Ja. Sie verbrennt es. Und während ihr Kleid, das angeblich 250 000 US-Dollar gekostet haben soll, in Flammen aufgeht, grinst sie zufrieden und ein wenig unberechenbar in die Kamera. Kann man so machen. Ist nur irgendwie schade ums viele Geld.

Für Tanja geht der Verkauf ihres Brautkleides übrigens nicht ganz so erfolgreich über die Bühne. Wochenlang sucht sie im Internet nach einer Käuferin, doch egal, wie weit sie mit dem Preis heruntergeht, das Kleid will niemand kaufen.

»Ich wollte es nur noch loswerden, egal für wie viel Geld. Ich konnte es nicht mehr ertragen, es jeden Tag zu sehen«, sagt sie.

Also beschließt Tanja, es einfach im Internet zu versteigern. Als die Auktion abläuft, liegt das höchste Gebot bei gerade einmal vierunddreißig Euro. Aber das Höchstgebot wird zur Nebensache.

Tanja ist in diesem Moment so glücklich darüber, sich endlich von ihrem Kleid und somit ein Stück weit auch von ihrer Traurigkeit trennen zu können, dass sie das Kleid sofort versandfertig macht und direkt abschickt, ohne auf den Eingang der Bezahlung zu warten. Und so kommt es, wie es kommen muss: Tanja ist ihr Kleid zwar los, die vierunddreißig Euro aber sind bis heute nicht auf ihrem Konto eingegangen.

»Das mit dem Kleid sollte wohl einfach nicht sein. Es hat mir eigentlich nur Pech gebracht.«

Vielleicht hätte Tanja ihr Kleid lieber so wie Mariah Carey verbrennen sollen. Das wäre sicherlich der erfolgreichere Weg gewesen, um mit ihrer Vergangenheit, der gescheiterten Beziehung zu Chris und ihrer geplatzten Hochzeit abzuschließen. Es hilft nichts. Jetzt muss die junge Frau ihren eigenen Weg finden, um das Erlebte zu verarbeiten.

Doch das ist gar nicht so einfach.

Ich merke Tanja bei jedem Wort, das sie sagt, ihre Enttäuschung an. Sie hat ihren Glauben an das Gute, an die Liebe und an die Ehrlichkeit verloren. Sie hat Angst, sich auf eine neue Beziehung einzulassen, weil sie, wie sie selbst sagt, nicht wieder alles verlieren möchte. Ihr Vertrauen sei einfach zerbrochen.

So enttäuscht Tanja auch von der Welt ist, eine wertvolle Eigenschaft hat sie trotz der großen Enttäuschung und des Verlusts nicht verloren. Ihren Humor. Denn zum Abschied unseres Gesprächs sagt Tanja zu mir diesen einen Satz, der mich hoffen lässt, dass sie ganz bald akzeptieren kann, was geschehen ist, gehen lassen kann, was war, und Vertrauen in das hat, was kommt.

»Besser, Chris steht auf einen Mann als auf eine andere Frau«, sagt sie und lacht.

Und ja, das spüre ich, sie meint das ernst.

»Ich denke, wenn es eine andere Frau wäre, dann hätte ich mich die ganze Zeit gefragt, was sie hat, was ich nicht habe. Und hätte noch mehr an mir und an der Welt gezweifelt. Bei einem Mann weiß ich genau, was er im Gegensatz zu mir zu bieten hat.«

Julia

Was macht eigentlich eine glückliche Beziehung aus? Ich sitze an meinem Laptop, während ich mir diese Frage stelle. Da es früh am Morgen ist und die Welt noch schläft, ich also niemanden persönlich dazu befragen kann, öffne ich das Browserfenster und tippe die Frage bei Google ein. 595 000 Treffer.

»Gute Beziehungen leben von gegenseitigem Respekt. Von gegenseitiger Ehrlichkeit, von Offenheit, Verständnis und Vertrauen. Von Nähe, Zärtlichkeit und kleinen Aufmerksamkeiten. Von dem Willen, sich ein gemeinsames Leben aufzubauen«, heißt es in einem Artikel.

Ehrlichkeit. Ich denke eine Weile über diesen Begriff nach. Ein einfaches Wort mit einer großen Bedeutung. Das Fundament einer stabilen Beziehung, resümiere ich. Und unweigerlich muss ich an Julia denken. Ihre Geschichte zeigt, was passieren kann, wenn ein Paar nicht ehrlich zueinander ist. Dass Unehrlichkeit zu nichts außer Leid und Schmerz führt.

Wie Tanja hat Julia einen Mann an ihrer Seite, der sich jedes Mal, wenn es ums Heiraten geht, in einen anderen Menschen zu verwandeln scheint. Der mit Ablehnung und Zurückweisung auf ihre Sehnsüchte reagiert. Nur ist das Ende von Julias Geschichte ein anderes. Aber von vorn.

Schon seit Kindheitstagen träumt Julia, ähnlich wie Tanja, von ihrer eigenen Hochzeit und davon, eine Familie zu gründen. Sie malt sich aus, wie sie in einem wundervollen weißen Brautkleid heiratet, wie sie in einer Pferdekutsche vor die Kirche gefahren und da von ihrer großen Liebe und all ihren Liebsten in Empfang genommen wird. Es ist so ein bestimmtes wohlig-warmes Gefühl, das Julia immer dann überkommt, wenn sie genau daran denkt, wenn sie sich bewusst macht, dass ihre Wünsche tatsächlich irgendwann Wirklichkeit werden könnten. Doch bis sie den passenden Partner fürs große Ganze gefunden hat, dauert es seine Zeit. Erst als Marius in ihr Leben tritt, ist sich Julia sicher, endlich den Mann für ihr »Ja, ich will« gefunden zu haben.

Die erste Begegnung von Julia und Marius findet eher zufällig statt. Julia ist noch in ihrer Ausbildung, als sie den Auftrag bekommt, neues Briefpapier für ihre Firma drucken zu lassen. Also macht sie sich auf den Weg in eine nahegelegene Papierfabrik, um hier die Möglichkeiten und Details für den Druck zu besprechen. Und genau in dieser Papierfabrik arbeitet Marius. Ihr erster gemeinsamer Moment ist also ein spontanes, ungeplantes und doch berührendes Aufeinandertreffen. Es ist eine Begegnung, die Julia einfach nicht mehr vergessen kann. Sie ist sofort fasziniert von diesem großen dunkelhaarigen Mann. Es dauert jedoch noch ein paar Jahre, bis sich die beiden wiedersehen. Ganz zufällig begegnen sie sich in einem Drogeriemarkt. Julia erkennt Marius sofort wieder. Und sie fühlt sich direkt zu ihm hingezogen. Seine ruhige und doch aufregende Art wirken auf Julia anziehend. Nach ein paar ersten, scheuen Blicken kommen beide ins Gespräch und tauschen Handynummern aus. Julia verliebt sich schlagartig ein zweites Mal in diese sanftmütige Seite von Marius, in sein unerschütterliches Interesse an ihr. Einige SMS später steht für Julia fest: der oder keiner. Marius ist ihr Mann, derjenige, den sie heiraten, mit dem sie zusammen Kinder haben und alt werden möchte.

Julias Stimme klingt sanft und zärtlich, wenn sie von Marius spricht. In jedem einzelnen Wort spüre ich die Liebe, die sie für diesen Mann empfindet. Sie hat sich sofort für Marius entschieden, sie hat direkt innerlich »Ja« gesagt. Sie liebt ihn, obwohl oder gerade weil Marius eher schüchtern und zurückhaltend ist und nicht gerne im Mittelpunkt steht. Die beiden sind ein Team. Sie halten zusammen. Die Liebe ist doch etwas Einzigartiges, denke ich mir. So wahnsinnig aufregend, so belebend und verletzlich zugleich. Ich denke an meinen Freund, meinen Verlobten. Er ist immer für mich da. Wenn ich traurig bin, nimmt er mich in den Arm. Wenn ich wütend bin, hält er mir ein Kissen hin, in das ich boxen kann. Wenn ich durch die Wohnung tanze, weil ich einfach gute Laune habe, dann schaut er mir dabei zu und in seinem Blick sehe ich so etwas wie Bewunderung.

Jonas' und meine Anfangszeit ist also ähnlich wie die von Julia und Marius. Und wahrscheinlich auch genau wie die einiger anderer Paare da draußen, die ganz plötzlich jemandem begegnen, der ihr Leben komplett auf den Kopf stellt. Manchmal trifft man eben einen Menschen und hat sofort eine Verbindung zu dieser Person. Eine Verbindung, die sich einfach nicht erklären lässt. Zumindest gibt es dafür keine Worte. Dafür aber ein breites Lächeln.

Julia und Marius genießen diesen himmlischen Zustand des Verliebtseins, die Neugier aufeinander und die beflügelnden ersten Monate miteinander. Aber mit der Zeit wachsen Julias Erwartungen an Marius. In ihrem engsten Familien- und Freundeskreis wird geheiratet. Erst ist Julias Schwester die glückliche Braut, nach und nach vermählen sich dann auch ihre Freundinnen. Julias Sehnsucht nach ihrem eigenen großen Tag steigt ins Unermessliche. Doch Julia wartet. Und wartet. Und wartet. Und es passiert: nichts. Sobald das Thema Hochzeit auf den Tisch kommt, macht Marius die Biege.

Im Gegensatz zu Tanja, die vor lauter Warterei auf den Antrag von Chris bereits die Hoffnung fast aufgegeben hatte, ergreift Julia an einem kühlen, klaren Oktobertag selbst die Initiative. Denn Warten ist nicht so ihre Stärke. Und der Schlüssel zum Erfolg hat schließlich drei Buchstaben: T-U-N.

»Ich hatte einfach keine Lust mehr, noch länger zu hoffen, dass es nun endlich passieren würde, um dann gleich wieder enttäuscht zu sein, eben weil er mich nicht gefragt hat. Mit jedem Tag wurde ich einfach immer ungeduldiger«, erzählt Julia. »Ich konnte nicht anders. Ich musste das klären. Wenn er schon keine Anstalten machte, mich zu fragen, dann musste ich ihn fragen.«

Dass die Frau um die Hand des Mannes anhält, ist heutzutage übrigens gar nicht mehr so ungewöhnlich. Zumindest besagt das die Studie eines deutschen Statistik-Portals. Demnach erwarten rund siebenundvierzig Prozent der Single-Frauen nämlich nicht, dass der Mann den Heiratsantrag macht. Im Gegenteil: Viele Frauen sind bereit, ihrer großen Liebe selbst die Frage aller Fragen zu stellen.

So eben auch Julia. Sie ist fest entschlossen, Marius einen Heiratsantrag zu machen, und mietet für diesen großen Augenblick die Suite eines Luxushotels in Hamburg. In der zwölften Etage, mit Blick über die Stadt. Im Vorfeld backt sie zu Hause noch schnell einen Kuchen, auf dem später die Frage »Willst du mich heiraten?« mit Zuckerschrift stehen soll. Mit dem Auto geht es dann in die Hansestadt. Nach einem gemütlichen Stadtbummel, einer Bootstour und einem romantischen Abendessen ist der perfekte Moment endlich gekommen. Marius ist vollkommen ahnungslos. Während er vor dem Hotel noch eine Zigarette raucht, bereitet Julia auf dem Zimmer alles vor: Sie schmückt den Boden mit Rosenblättern, verteilt funkelnde Teelichter im gesamten Raum und verziert den mitgebrachten Kuchen. Und dann öffnet sich die Zimmertür. Marius erblickt Julia, Julia erblickt Marius. Julia ist aufgeregt, Marius hingegen entspannt. Er betritt das Zimmer, geht auf Julia zu, bleibt kurz vor ihr stehen und schaut sie fragend an. Und dann stellt Julia ihm die Frage aller Fragen, die sie ja zur Sicherheit auch noch einmal auf den Kuchen geschrieben hat. Für den Fall der Fälle, dass ihr die Worte ausbleiben.

»Willst du mich heiraten?«, fragt sie ihn.

»Ja«, ist Marius Antwort. Ein einfaches, klares »Ja«. Ohne auch nur einen Moment zu zögern, beantwortet er ihre Frage.

So leicht und leidenschaftlich dieser Moment auch ist, die Geschichte von Julia und Marius ist auch die Geschichte vom Ja-Sagen und Nein-Meinen. Ohne Zweifel: »Nein« ist ein schwieriges Wort. Nein zu sagen ist wahrlich nicht immer einfach. Meist hat das Vermeiden des Wörtchens »nein« etwas mit der Angst vor Ablehnung und Zurückweisung zu tun. Und dennoch gibt es Situationen im Leben, da muss eine klare Entscheidung her. Da wird kein »Vielleicht« und auch kein »Mal gucken« geduldet. Bei einem Heiratsantrag gibt es nur Hü oder Hott. Doch was passiert, wenn das Herz »Ja« und der Kopf »Nein« sagt? Oder umgekehrt? Worauf hören wir dann?

Natürlich ist so ein Heiratsantrag kein Moment, in dem man gerne »Nein« sagt, wenn man ein »Nein« fühlt. Allein weil man den Tag oder den Abend danach vergessen kann – und die Beziehung wahrscheinlich auch. Hätte Marius in diesem Moment Nein gesagt, als Julia ihn fragte, ob er ihr Mann werden will, wäre Julia eine Menge Ärger, Wut und Trauer erspart geblieben. Doch stattdessen macht Marius Julia in diesem Moment zur glücklichsten Frau der Welt, um sie im nächsten Moment, genau genommen am nächsten Morgen, direkt wieder zu enttäuschen. Für Julia ist sein »Ja« ihr Startschuss. Auf dem Rückweg von Hamburg in die Heimat schlägt Julia gleich ihren Kalender auf. Genau wie Tanja ist sie eine der Frauen, die sofort Nägel mit Köpfen machen will. Der vierte September, das ist ihr Tag. Der Hochzeitstag von Marius' Eltern. Passt perfekt, da ist sich Julia sicher. Marius' Eltern bedeuten beiden viel. Wenn sie diesen Tag wählen, hat ihre Hochzeit für alle, für die ganze Familie, eine besondere Bedeutung.

Julia redet wie ein Wasserfall, sie überrennt Marius förmlich mit ihren Ideen. Doch Marius schweigt. Erst nach einer ganzen Weile schaut Julia zu ihm hoch – und spürt sofort, dass er die Freude nicht mit ihr teilt. Mit einem Schlag ist auch ihre Freude dahin. Ihre Euphorie wird durch Marius' Blick zerstört, denn Julia kennt seine Blicke inzwischen gut genug.

Fast schon lethargisch sitzen die beiden die restliche Fahrt nebeneinander. Julia schaut aus dem Fenster und beobachtet die vorbeiziehende Landschaft. Ihre Gedanken schweifen. Sie schwankt zwischen Freude über Marius' »Ja« auf der einen Seite und der Verwunderung über seinen leeren, abweisenden Blick auf der anderen Seite.

War sie zu schnell mit ihrer Planung? Hätte sie sich mehr Zeit lassen sollen? Oder bedrückt ihn etwas anderes? Er war ein Morgenmuffel, okay. Und ja, er hatte oft genug mit Ablehnung auf das Thema Heiraten reagiert. Aber am Abend herrschte zwischen den beiden eine ausgelassene Stimmung, er hatte ihren Antrag, ohne zu zögern, angenommen. Und die Stunden danach waren erfüllt von Liebe, Freude und Verständnis. Warum also der Sinneswandel?

Es ist November. Ein Monat ist seit dem Heiratsantrag in Hamburg vergangen. Inzwischen hat sich Marius' Stimmung wieder gebessert. Die ersten To-dos der Hochzeitsplanung sind erfolgreich abgehakt. Das Paar hat sich auf den angedachten September-Termin, den Hochzeitstag von Marius' Eltern, geeinigt. Julia hat die Einladungskarten ausgesucht, einen Termin mit dem Pfarrer vereinbart und gemeinsam mit Marius Ringe gekauft. Zudem hat sie heimlich eine Kreuzfahrt für die Flitterwochen gebucht, es soll eine Überraschung werden. Und auch wenn es bis zur Hochzeit noch zehn Monate sind, möchte Julia jetzt schon ihr Kleid kaufen. Sie recherchiert online und findet auf der Seite eines Brautmoden-

Anbieters in der Nähe tatsächlich ein Kleid, das ihr auf Anhieb gefällt. Es ist Liebe auf den ersten Blick – genau wie damals, als sie Marius zum ersten Mal gesehen hat.

Julia macht einen Termin im Brautladen – und probiert ihr Wunschkleid auch als Erstes an. »Es war sofort meins. Wie eine zweite Haut. Ich habe zwar noch ein anderes Kleid zum Vergleich anprobiert, aber nein, das konnte mich nicht überzeugen.«

Julias Traumkleid: eine schlichte, bodenlange A-Linie mit seitlicher Raffung, Schnürung am Rücken und kleiner Schleppe. Trägerlos, mit einem kleinen Schlitz am Ausschnitt, verziert mit Perlen am Dekolleté und in der Farbe Creme. Neupreis: 699 Euro.

Das Kleid muss an ein paar Stellen noch angepasst werden, und so lässt Julia das Kleid noch von der Verkäuferin abstecken, bevor sie den Brautmoden-Laden wieder verlässt. In ein paar Wochen soll sie dann für eine erneute Anprobe wiederkommen. Beflügelt und überglücklich fährt Julia zurück zu ihrem Liebsten. Mit dem Kauf ihres Brautkleides rückt die Hochzeit, und damit die Erfüllung ihres Lebenstraumes, plötzlich in greifbare Nähe.

Doch Julias Freude über das gefundene Kleid und die Vorfreude auf ihre Hochzeit werden wenig später erneut getrübt. Denn mit jedem Schritt, den Julia geht, mit jedem Detail, das sie für die Hochzeit plant, wirkt Marius passiver, gestresster. Anfangs geht Julia darauf ein, lenkt vom Thema ab, versucht, die Hochzeit nicht zu sehr in den Fokus zu stellen. Aber es nützt nichts. Das Paar streitet sich immer und immer wieder. Mit jedem Streit wird die Auseinandersetzung heftiger.

Und immer öfter fällt der Satz: »Dann sagen wir die Hochzeit halt ab.«

Erst von Marius, und schließlich auch von Julia. Bis von der Vorfreude auf den großen Tag nicht mehr viel übrig ist. Die Gefühle des Paares füreinander sind auf der Strecke geblieben. Es gibt kein Vor mehr, nur noch ein Zurück.

Sechs Wochen vor der geplanten Hochzeit zieht Julia die Notbremse. Sie hat keine Kraft mehr und sagt die Hochzeit ab. Um glücklich zu sein, muss sie etwas verändern. Sie muss die alten Pfade verlassen und versuchen, neue Wege zu gehen. Kurzerhand macht sie also Nägel mit Köpfen. Sie packt ihre Sachen und zieht zurück zu ihren Eltern. Marius hält sie nicht auf.

Es vergehen ein paar Tage, Julia hat sich gerade wieder gefangen und den ersten Schockmoment verarbeitet, da klingelt ihr Telefon. Es ist der Brautmoden-Laden. Da war ja noch was.

»Sie können ihr Kleid jetzt abholen«, verkündet die Frau am anderen Ende der Leitung euphorisch.

»Okay.« Mehr Worte bringt Julia nicht heraus. Tränen laufen ihr über die Wangen, sie ringt um Luft und kann sich kaum beruhigen.

Es gibt Momente, die treffen einen mitten ins Herz, obwohl man eigentlich der festen Überzeugung ist, gut mit der Situation zurechtzukommen, das Schlimmste überwunden zu haben. Das hier ist so ein Moment. Dieser Anruf reißt Julia den Boden unter den Füßen weg. Ihr Brautkleid, ihr Lebenstraum, der Inbegriff ihrer Hoffnungen, Wünsche und Träume verliert in diesem Augenblick all seine Reize, seine magische Wirkung. Ihre Beziehung zu Marius ist zerbrochen, die Hochzeit wurde abgesagt. Nur das Kleid erinnert an das geplante Fest, auf das sie so lange hingearbeitet, auf das sie sich so sehr gefreut hatte. Für einen kurzen Moment wünscht sich Julia, alles rückgängig machen zu können. Hätte sie das Kleid doch niemals gekauft.

»Wenn der Laden in dem Moment gesagt hätte, wir nehmen das Kleid zurück, dann hätte ich es an diesem Tag nicht abgeholt, sondern zurückgegeben«, sagt sie. Zu groß ist die Belastung, zu stark der damit verbundene Schmerz. Aber der Brautladen nimmt das Kleid nicht zurück. So sind die Spielregeln. Julia bleibt also keine andere Wahl: Sie muss ihr Brautkleid trotzdem abholen. Die gesamte Fahrt zum Brautmoden-Laden laufen ihr Tränen über die Wangen. Und auch auf der Rückfahrt kann sie ihre Traurigkeit, ihre Wut, ihre Verzweiflung und ihre Angst vor der Zukunft nicht zurückhalten. Die Enttäuschung sitzt viel zu tief.

Julia ist mit ihrem Wunsch, ihr Brautkleid nicht abholen zu wollen, übrigens nicht allein. Während meiner Recherche für dieses Buch haben mir so viele Frauen erzählt, dass sie ihr Kleid gerne zurückgegeben hätten – sei es, weil es ihnen nicht mehr gefallen hat, weil sie falsch beraten worden waren oder eben weil die Hochzeit nicht stattgefunden hat. Anders als beim Kauf im Internet ist der im Laden geschlossene Kaufvertrag bindend. Sofern also kein Rücktrittsrecht vereinbart worden ist, kann das Kleid auch nicht zurückgegeben werden – ganz gleich, ob es bereits angepasst wurde oder eben nicht. Es gehört also der Käuferin und muss von ihr auf kurz oder lang auch abgeholt werden.

Es gibt dennoch eine Vielzahl an Frauen, die ihr Kleid zwar

gekauft, also bezahlt oder zumindest angezahlt haben, es jedoch im Geschäft hängen lassen. Denn letztendlich entscheidet ja jede Braut selbst, ob sie die Fahrt zum Brautmoden-Laden hinter sich bringt, sich ihren Gefühlen, ihren Ängsten und ihrer Traurigkeit stellt. Oder ob sie das Kleid einfach dort zurücklässt.

Den Bräuten werden zwar Fristen gesetzt, und sie werden vom Personal immer wieder aufgefordert, das Kleid abzuholen, dennoch gibt es in fast jedem Brautmoden-Laden einen separaten Raum oder Schrank, in dem verkaufte, aber ungetragene Brautkleider hängen. Oft versuchen die Mitarbeiter monatelang, die Käufer zu erreichen, doch viele wollen gar nicht kontaktiert werden. Und so lagern in den Fachgeschäften nicht nur ungetragene Kleider, die noch auf ihre glückliche Käuferin warten, sondern auch solche, die vermutlich niemals zum Einsatz kommen werden.

Der Grund, warum viele Beinahe-Bräute ihr ungetragenes Kleid im Laden zurücklassen, liegt dabei auf der Hand. Da geht es den Betroffenen sicherlich wie Julia. Jeden Tag beim Blick auf das Brautkleid den Spiegel vorgehalten zu bekommen, ist schmerzhaft. Jeden Tag daran erinnert zu werden, dass die Hochzeit nicht stattfinden wird, ist kaum auszuhalten.

Julias Kleid erinnert sie, seitdem sie es bei sich zu Hause hängen hat, jeden Tag an ihre Trennung von Marius, an ihren geplatzten Lebenstraum. Es zeigt ihr auf, was hätte sein können und wie es gewesen wäre, wenn es nicht jedes Mal, als es um das Thema Hochzeit ging, zum Streit gekommen wäre.

Wäre ihre Liebe füreinander stärker gewesen, dann wäre das sicherlich nicht passiert. Oder? Julia versucht, sich die Situation zu erklären. Sie versucht, einen Grund für das Ende der Beziehung zu finden. Einen nennenswerten Grund, der ihr hilft, abzuschließen, nach vorne zu schauen. Immer und immer wieder grübelt sie über die Trennung. Doch sie findet keine Lösung für das Problem. Und so zwingt sie sich, nach vorne zu blicken. Sie verdrängt, was passiert ist. Unterstützung findet sie bei ihren Freunden und ihrer Familie. Sie geben Julia Kraft und Halt.

Und in dem Moment, als es ihr endlich besser geht, tritt Marius wieder in ihr Leben. Manchmal muss man eben loslassen, den Druck auf sein Gegenüber verringern, damit etwas, für das man jahrelang gekämpft hat, wieder lebenswert ist. Marius bittet Julia in einer Nachricht um ein Gespräch. Julia zögert, doch ihre Liebe für Marius ist nach wie vor so stark, dass sie nicht anders kann. Die beiden treffen sich, verbringen einen ganzen Tag zusammen. Sie reden über ihre gescheiterte Beziehung, über ihre Gefühle, ihre Liebe, ihre gemeinsame Zukunft. Marius scheint der Abstand gutgetan zu haben. Denn erst dadurch konnte er verstehen, wie sehr er Julia liebt, wie gut beide zusammenpassen. Aber die ständigen Streitereien haben Julia die Kraft – und den Glauben – an eine weitere gemeinsame Zukunft geraubt.

»Ich werde mich ändern«, verspricht ihr Marius. »Wenn du mir noch eine zweite Chance gibst.«

Julia zögert. »Okay«, sagt sie nach einer gefühlten Ewigkeit der Stille. Sie willigt ein. Als sie abends nach Hause kommt, packt sie sofort ihre Sachen. Wenn es ein Liebescomeback geben soll, dann richtig, denkt sie sich. Schon am nächsten Tag zieht sie wieder bei Marius ein – und bis heute hat sie ihre Entscheidung nicht bereut.

In einem Punkt aber sind sich Julia und Marius trotz des Neustarts noch immer nicht einig: beim Thema Hochzeit. Julia wünscht sich nach wie vor nichts sehnlicher, als mit Marius vor den Traualtar zu treten. Doch Marius weicht immer wieder aus, verlässt jedes Mal den Raum, wenn das Thema auf den Tisch kommt. Das macht Julia stutzig. Hat sich seit der Trennung überhaupt etwas verändert? Hat Marius eigentlich verstanden, worum es hier geht?

Im Internet sorgte unlängst ein nicht ganz ernstgemeinter Videoclip, der mit versteckter Kamera gedreht wurde, für Furore. In dem Film testet eine junge Frau die Reaktion ihrer Onlinedates. Über eine Dating-App schreibt sie sich zunächst mit mehreren Männern und vereinbart dann ein erstes Treffen mit ihnen. Und zu diesem Treffen erscheint die Frau jedes Mal im Brautkleid.

Versteckt werden dann die Reaktionen der Männer gefilmt – und diese sprechen Bände. Denn: Nur ein paar wenige ziehen das erste Treffen mit der jungen Frau tatsächlich durch. Die Mehrheit der Männer jedoch erfindet irgendwelche Ausreden, warum sie nun nicht diejenigen sind, mit denen die Frau verabredet ist. Oder sie fliehen heimlich, als die Frau gerade im Café die Getränke bestellt. Einige machen ihr sogar eine sehr direkte Ansage, die deutlich zeigt, dass Heiraten für sie ein absolutes No-Go ist.

Natürlich ist dieser Film überspitzt, und es geht ja schließlich auch um das erste Date. Und wer möchte da schon direkt ans Heiraten denken?

Doch irgendwie scheint das Thema Heiraten nicht nur bei Marius Fluchtgedanken auszulösen.

Julia ist sich sicher, sie möchte die Anfangszeit ihrer neuen alten Beziehung genießen, und versucht daher, beim Thema Hochzeit Marius den Freiraum zu geben, den er braucht. Doch als Julia ein paar Monate nach dem Liebescomeback schwanger wird, kann sie nicht anders. Ein Kind zu bekommen, ohne verheiratet zu sein, das kommt für sie nicht in Frage. Sie setzt Marius daher, wie sie selbst sagt, die »Pistole auf die Brust«. Erneut macht sie ihm einen Heiratsantrag, diesmal fällt die Liebeserklärung allerdings weniger romantisch aus.

»Wenn du mich nicht heiratest, dann bekommt unser Kind meinen Nachnamen«, sagt Julia. Sie lächelt, doch sie meint ihre Drohung ernst. Das spürt auch Marius sofort. Julias Worte rütteln ihn wach. In diesem Moment gibt es für ihn kein Zurück mehr, und er willigt ein.

Die beiden fangen direkt an zu planen, denn die Zeit rennt. Noch bevor ihr Kind auf der Welt ist, will das Paar heiraten. Julias Brautkleid soll an diesem besonderen Tag jedoch noch nicht zum Einsatz kommen. Sie möchte es für die kirchliche Trauung, die ihr so sehr am Herzen liegt und die sie sich nach wie vor sehnlichst wünscht, aufbewahren. Abgesehen davon, würde sie schwanger im achten Monat sowieso nicht ins Kleid passen. Statt in Weiß heiratet Julia ihren Marius daher wenig später in einem bräunlichen, glänzenden Kleid, kombiniert mit einer weißen Strickjacke und weißen Schuhen. Die standesamtliche Trauung findet im festlichen Rokokosaal eines Klosters statt. Das Paar verbringt einen entspannten Tag. Und ein paar Wochen später kommt dann ihr erstes Kind zur Welt.

Das Glück des Paares scheint perfekt. Doch obwohl Julia und Marius nun verheiratet sind, den gleichen Nachnamen tragen und durch ihr Kind für immer miteinander verbunden sind, möchte Julia endlich ihr Brautkleid tragen. Sie sehnt sich nach diesem Moment, in dem alle Augen auf sie gerichtet sind. Dieser Augenblick, in dem sie in ihrem Traumkleid zum Altar schreitet und Marius dort auf sie wartet. Jeden Tag aufs Neue wird sie an ihren Wunsch erinnert, immer dann, wenn sie die Tür des Kleiderschranks öffnet. Und jedes Mal ist da wieder die Angst, das Thema anzusprechen. Denn schon einmal hat Marius und sie genau dieses Thema auseinandergebracht, voneinander entfernt. Aber Julias Wunsch ist so stark, dass sie Marius von Zeit zu Zeit immer mal wieder vorsichtig darauf anspricht.

»So eine kirchliche Hochzeit ist viel zu teuer, wir müssen aufs Geld achten«, ist Marius' Standardantwort.

»Ich will keine große Feier. Es geht mir nur darum, mein Kleid einmal tragen und präsentieren zu können. Und vor Gott Ja zu sagen«, erwidert Julia. Doch ihre Worte finden keinen Anklang.

Es vergehen Tage, Wochen, Monate und sogar Jahre. In der Zwischenzeit kaufen beide ein Haus, und Julia bringt ein zweites Kind zur Welt. Das Familienglück ist also zumindest auf den ersten Blick perfekt. Aber als Julia ihrer großen Liebe vorschlägt, aus der Hochzeit eine Taufe zu machen, also eine Trauung mit Taufe, will Marius nichts davon wissen.

Und so beschließt Julia, sich von ihrem Brautkleid zu trennen. Sie will die »schlechte Zeit«, die sie damit verbindet, endlich hinter sich lassen.

»Und sollte es doch noch eine kirchliche Hochzeit geben, irgendwann«, fügt Julia hinzu – denn sie hat die Hoffnung trotz der Zurückweisung ihres Mannes scheinbar nach wie vor nicht aufgegeben –, »dann kaufe ich mir ein neues Kleid. Denn dieses hier hat mir kein Glück gebracht.«

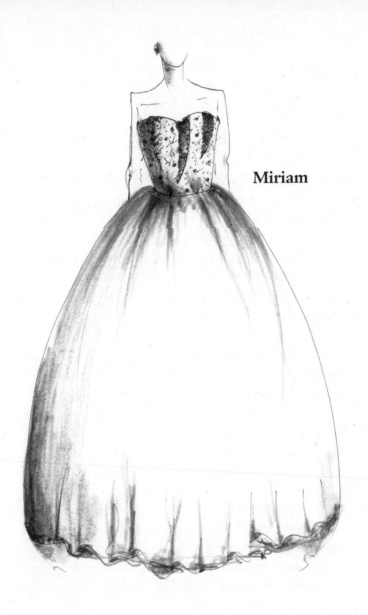

Es ist wieder mal einer dieser typischen, wahnsinnigen Tage. Meine To-do-Liste erstreckt sich über zwei Seiten, und ich weiß nicht, wo ich anfangen soll. Ich bin so blockiert, dass eigentlich nichts mehr geht.

Ich bin gerade kurz davor, den Tag kampflos dem Scheitern zu überlassen, da tritt Miriam in mein Leben. Eine E-Mail von ihr ploppt auf dem Bildschirm auf. Perfekt, denke ich, ein Lichtblick. Endlich eine Abwechslung.

Ein paar Tage zuvor hatte ich Miriams Brautkleid-Verkaufs-anzeige im Internet gefunden und sie direkt angeschrieben. Schon ihre ersten Worte hatten mich hellhörig gemacht. »Einmal Prinzessin sein«, heißt der Titel ihrer Anzeige. Dazu das Bild eines bodenlangen, pompösen, glitzernden Brautklei-des mit einem ausgestellten und übergroßen Tüll-Rock, einer engen Korsage mit herzförmigem Ausschnitt, und verziert mit unzähligen Glasperlen und Kristallen.

Der Neupreis des Kleides lag bei knapp zweitausend Euro, verkauft wird es nun für nicht einmal fünfhundert Euro. Wer sein ungetragenes Kleid im Internet verkauft, der muss in den meisten Fällen einen herben finanziellen Verlust hinnehmen. Das ist mir schon mehrmals aufgefallen. In der Regel werden die Kleider für weniger als die Hälfte des ursprünglichen Preises angeboten. Und diese Preise sind dann meist auch noch auf Verhandlungsbasis.

So wie bei Miriam eben auch. Dass sie das Kleid jedoch nicht für diesen Preis gekauft hat und eigentlich auch gar nicht darin heiraten wollte, ahne ich zu diesem Zeitpunkt noch nicht.

»Ich verkaufe hier ein wahnsinnig traumhaftes Brautkleid. Das Kleid funkelt und glitzert im Licht oder in der Sonne. Der herzförmige Ausschnitt und die vielen Kristalle sorgen für Gänsehaut-Momente.« Wer so viel Liebe zum Detail in eine Anzeige steckt, der muss sein Kleid wirklich geliebt haben, denke ich. (Oder diese Person weiß einfach, wie man am besten etwas verkauft.)

Wie dramatisch, dass es dann nicht wie geplant zum Einsatz kam, dass es für Miriam und ihr Kleid kein Happy End gab. Gab es doch nicht, oder? Wohl eher nicht, sonst würde sie das ungetragene Kleid ja nicht verkaufen. Oder irre ich mich da? Ich finde eine Antwort auf all die Fragen, die plötzlich in meinen Gedanken auftauchen, als ich Miriams E-Mail weiterlese.

Und ich werde eines Besseren belehrt. Ich bin erstaunt und überrascht zugleich. Miriam ist keine verlassene Braut, hinter ihr liegt keine schmerzhafte Trennung wie im Fall von Tanja und auch kein On-Off-Debakel wie bei Julia. Im Gegenteil.

Dennoch: Miriam hatte einen Traum. Genau den Traum, den so viele Frauen da draußen haben. Sie wollte sich einmal in ihrem Leben wie eine Prinzessin fühlen. Sie träumte von einer Hochzeit, die keine Wünsche übriglässt. Mit viel Tam-

tam, jeder Menge Glitzer und Glamour. Mit roten Rosen, einer mehrstöckigen Hochzeitstorte, mit einem Hochzeitstanz im Kerzenlicht, mit Kutsche, Pferden und Schloss. Und mit einem Prinzessinnen-Brautkleid. Doch dazu sollte es nicht kommen.

Ist das nicht merkwürdig? Eine Hochzeit dauert oft nicht einmal vierundzwanzig Stunden und trotzdem wird ein Riesenbohei darum gemacht. Es werden weder Kosten noch Mühen gescheut, um diesen einen Tag, der dann meist wie im Flug vergeht, möglichst perfekt zu gestalten. Über Monate wird dieser ganz besondere Moment vorbereitet wie kein anderer. Die Aufregung steigt dabei mit jedem Tag, und die Anspannung wächst.

Im Schnitt werden in Deutschland fast 15 000 Euro für Hochzeitspapeterie, Hochzeitsplaner, Hochzeitslocation, Hochzeitsauto, Hochzeitstraurednen, Hochzeitsstyling, Hochzeitstanzkurs, Hochzeitsdeko, Hochzeitscatering, Hochzeitsband, Hochzeits-DJ, Hochzeitsfotograf, Hochzeitsvideograf, Hochzeitsfeuerwerk, Hochzeitsnacht und nicht zu vergessen für das Brautkleid, den Anzug und die Ringe ausgegeben. Es gibt eben nichts, was es nicht gibt. Die Hochzeit ist damit also nicht nur der vermeintlich schönste Tag im Leben, sondern bei vielen Paaren wohl auch der teuerste.

Kein Wunder also, dass die Erwartungen und der Druck mit dem Moment des Heiratsantrags schlagartig in die Höhe schießen. Auf einmal geht es nicht mehr nur darum, die Liebe zweier Menschen zu besiegeln, sondern vielmehr darum, einen Tag zu gestalten, der alles bietet, was sich das Brautpaar je erträumt hat. Und noch mehr: Vielen Brautpaaren ist es sehr wichtig, was andere über ihren großen Tag denken. In Zeiten, in denen alles, ja wirklich alles, über die sozialen Medien in die Welt hinausgetragen wird, will man schließlich mithalten können. Mit all den anderen Brautpaaren da draußen. Man möchte bewundert werden und Bestätigung erhalten für diesen intimen Moment, der im Augenblick des öffentlichen Teilens jedoch seine Intimität verliert.

Für Miriam ist der Druck daher kaum auszuhalten. So sehr wünscht sie sich ihre Traumhochzeit. So lange träumt sie schon von diesem Tag. Doch es nützt alles nichts. Denn die Suche nach dem richtigen Kleid gestaltet sich, im Gegensatz zur Suche nach dem richtigen Mann, mehr als schwierig. Den Partner fürs Leben hat Miriam bereits mit Anfang zwanzig gefunden. Ohne Hin und Her. Es ist zwar nicht die Liebe auf den ersten Blick, als sich die beiden abends in einer Bar begegnen, dafür funkt es beim dritten Date. Und aus der anfänglich zarten Liebelei entsteht schnell eine ernstzunehmende Beziehung.

Nach gerade einmal sechs Monaten zieht Miriam mit Tim zusammen. Und nach einem weiteren Jahr folgt eines Abends in der gemeinsamen Wohnung der Heiratsantrag. Tim hat das Wohnzimmer mit Kerzen in Form eines Herzes dekoriert, er hat eine Flasche Sekt gekauft und Miriams Lieblingsmusik angemacht. Mit einem Kniefall stellt er ihr die entscheidende Frage. So beflügelnd dieser Moment für das Paar auch ist, die Euphorie währt nicht lange. Denn mit dem Antrag kommen auch die Sorgen. Schnell merken sowohl Miriam als auch ihr

Verlobter, dass ihr Budget zu knapp ist, um genau die Hochzeit auf die Beine zu stellen, die sich beide so sehr wünschen. Natürlich können sie hier und da sparen, indem sie die Deko oder das Catering selbst machen oder an Freunde und Bekannte delegieren. Und sie brauchen auch nicht unbedingt Live-Musik oder einen DJ. Notfalls reicht auch eine Playlist.

Obwohl die beiden ihre Ansprüche drastisch herunterschrauben; in einem Punkt kann Miriam niemand helfen: bei der Suche nach ihrem Brautkleid. Obwohl Miriam seit ihrer Jugend exakte Vorstellungen von ihrem Traumkleid hat, wird sie nicht fündig. Denn die Kleider, die sie im Laden anprobiert und in die sie sich sofort verliebt, und die Auswahl, die sie im Internet auf ihre Wunschliste setzt, kann sie sich nicht leisten. Die Kleider sind schlichtweg zu teuer. Doch für die junge Frau ist klar: Sie will ein richtiges Brautkleid. Sie will in einem neuen, ungetragenen Kleid heiraten, und nicht in einem gebrauchten. Und sie will ein Kleid mit einer guten Qualität; keinen billigen oder schlecht verarbeiteten Import. Miriams tagelange Suche bleibt jedoch erfolglos. Weit und breit ist einfach kein Kleid in Sicht, das ihren Ansprüchen gerecht wird, das ihr Freude bereitet und ein gutes Gefühl vermittelt, in dem sie sich gerne im Spiegel betrachtet und das ihr den gewünschten Glamour verleiht.

Miriam muss sich also schweren Herzens von dem Gedanken verabschieden, als Prinzessin zum Altar zu schreiten. Doch genau das ist ihr Traum. Ihr Kindheitstraum. Da die Hochzeit immer näher rückt und Miriam nicht komplett auf ein Kleid verzichten will, fasst sie nach einigen Wochen einen Entschluss.

»Manchmal braucht man ein wenig Abstand, ein wenig Geduld, um sich darauf zu besinnen, was wirklich wichtig ist, im Leben und in der Liebe«, lese ich in ihren Zeilen. Sie ruft sich ins Gedächtnis, warum sie eigentlich ihren Tim heiraten will. Nämlich nicht des Kleides wegen, sondern eben aus Liebe zu diesem Menschen, mit dem sie ihr Leben verbringen möchte.

So macht sie sich an einem trüben Mittwochnachmittag, zwar immer noch leicht geknickt, aber dennoch mit einem Hauch Vorfreude im Gepäck, auf den Weg zu einem Secondhandladen. Dort gibt es eine kleine Auswahl an gebrauchten, aber gut erhaltenen und einigen wenigen ungetragenen Brautkleidern. Als sie den kleinen Laden betritt, lässt sie ihren Blick umherschweifen. Und sofort sticht ihr ein Kleid direkt ins Auge. Es ist tailliert geschnitten in einer A-Linie, es hat einen ausgestellten, wenn auch nicht allzu pompösen Rock, und besticht durch seinen glitzernden Schleifengürtel. Miriam probiert das Kleid mit Hilfe der Verkäuferin an und als diese den Reißverschluss langsam zuzieht, umhüllt Miriam das Gefühl von Wärme und Geborgenheit. Sie tritt aus der Umkleide und betrachtet sich im Spiegel. Und ihr gefällt, was sie sieht.

Das Kleid wurde bereits getragen, so erzählt es ihr die Verkäuferin, doch es sieht aus wie neu. Und so vergisst Miriam all ihre Prinzipien und entscheidet sich spontan für dieses Modell. Es ist für sie zwar nicht der Prinzessinnen-Traum schlechthin, aber es erinnert mit dem Glitzergürtel und dem ausgestellten Rock zumindest ein klein wenig an diese Stilrichtung. Das Kleid ist also ein guter Kompromiss.

»Es war nicht das Kleid, von dem ich immer geträumt und nachdem ich mich so lange gesehnt habe, aber es hat sich gut angefühlt. Ich habe mich darin direkt wohlgefühlt«, sagt Miriam heute. Rückblickend.

Und das Beste: Es liegt in ihrem Budget. Sie bekommt sogar noch einen kleinen Rabatt und zahlt am Ende nur 220 Euro. Miriam verlässt den Laden wenige Zeit später mit einem Kleidersack über dem Arm. Darin ihr neues altes Brautkleid, in dem sie wenige Wochen später »Ja« sagt.

Wenn das Geld knapp ist, es bis zur Hochzeit jedoch nur noch wenige Wochen sind, dann bleibt der Braut, wie im Fall von Miriam, nichts anderes übrig, als sich mit einer Alternative zufriedenzugeben. Die einzige andere Wahl, die Miriam gehabt hätte, wäre, die Hochzeit zu verschieben, bis sie genug Geld für ihr Traumkleid zusammengespart hat. Aber für Miriam ist das keine Option, und so ist sie glücklich mit ihrem Kleid aus dem Secondhandladen.

Vor einer ähnlichen Entscheidung steht vor einem Jahr auch Tamara. Die junge Frau ist vier Jahre mit ihrem Freund Timo zusammen, als er ihr einen Heiratsantrag macht. Da sind beide gerade zusammengezogen. Da das Geld bei den beiden, auch aufgrund des Umzugs, knapp ist, entscheiden sie sich, zunächst einmal nur standesamtlich und im kleinen Kreis zu heiraten. Dennoch möchte die junge Frau nicht auf ein richtiges Brautkleid verzichten. Ihr Budget beträgt jedoch maximal vierhundert Euro, und sie weiß, dass es nicht leicht wird, für dieses kleine Geld ein richtiges Brautkleid zu finden. Denn auch Tamara schließt, genau wie anfangs auch Miriam, den Kauf eines gebrauchten Kleides oder eines aus einem der vielen ausländischen Onlineshops kategorisch aus. Dafür denkt die junge Frau einfach zu romantisch. Viel zu oft hat sie von dem Moment der ersten Anprobe eines Brautkleides geträumt. Von dem Augenblick, der beim richtigen Kleid für Gänsehaut und Glückstränen sorgt. Zusammen mit ihrer Schwester macht sie daher trotz ihres niedrigen Budgets einen Termin in einem Fachgeschäft.

Die ersten Kleider, die Tamara sich aussucht und die ihr auf Anhieb gefallen, liegen weit über ihrem Budget. Sie zögert, rechnet im Kopf noch einmal alles durch. Mehr als vierhundert Euro sind wirklich nicht drin. Zum Glück gibt es in einer hinteren Ecke des Ladens noch einen Kleiderständer mit Brautkleidern, die etwas im Preis reduziert sind. Es sind Kleider aus der Vorsaison, doch das stört die zukünftige Braut nicht. Die Auswahl ist jedoch begrenzt, und lediglich ein Kleid gefällt ihr. Es ist ein trägerloses, langes Kleid mit kleiner Schleppe und einem perlenbesetzten Ausschnitt.

»Okay, das probiere ich an«, sagt sie zu ihrer Schwester.

»Das sieht bestimmt bezaubernd aus«, versucht diese sie aufzumuntern.

Die Verkäuferin hilft ihr beim Anziehen des Kleides. Und als Tamara den Vorhang zur Seite schiebt und vor den Spiegel tritt, da weiß sie, dass sie ihr Kleid gefunden hat. Es ist zwar nicht das Brautkleid, von dem sie immer geträumt hat, nein, dafür ist es wahrlich zu schlicht. Aber ihr geht es wie Miriam: Das Kleid ist ein guter Kompromiss. Und es kostet gerade einmal 399 Euro.

Als die Hochzeit näher rückt, fängt Tamara plötzlich an zu zweifeln. Immer häufiger grübelt sie, denkt über sich, das Kleid, die Hochzeit und ihr Leben nach. Irgendetwas bedrückt sie, doch so richtig kann sie dieses lähmende Gefühl nicht einordnen. Sie schiebt es auf die Aufregung, die Anspannung vor ihrem baldigen großen Tag. Timo versucht, sie zu beruhigen, redet ihr gut zu, baut sie auf. Doch auch er, das gibt er offen zu, ist zunehmend nervös. Ist diese Hochzeit tatsächlich das, was beide wollen?

Es vergehen noch ein paar Tage, da bricht es auf einmal aus Tamara heraus. Wie Schuppen fällt es ihr von den Augen. Weinend sitzt sie im Bett. Ihr Verlobter liegt neben ihr und versteht die Welt nicht mehr. Die Tränen fließen und fließen und finden kein Ende.

»Was ist nur los?«, fragt Timo sie. »Was auch immer es ist, du kannst es mir sagen.« Doch Tamara bekommt kein Wort heraus. Es dauert eine gefühlte Ewigkeit, bis sie endlich ihre Fassung zurückgewinnt.

»Es ist …«, fängt sie an. Sie schluchzt. »Ich will so nicht heiraten«, platzt es aus ihr heraus.

Timo erstarrt. Tamara sieht seinen Blick.

»Ich will dich heiraten«, beruhigt sie ihn. »Aber nicht in diesem langweiligen Kleid. Ich will nicht nur im kleinen Kreis heiraten. Ich will eine große Hochzeit mit all unseren Freunden, unserer Familie. Und ich will ein Prinzessinnen-Kleid. So ein richtiges mit Glitzer, ausgestelltem Rock und langer Schleppe.« Tamara zuckt mit den Schultern und wischt sich die Tränen aus dem Gesicht. In diesem Moment fängt Timo an zu lachen. Aus vollstem Herzen.

»Gott sei Dank.« Das sind die einzigen Worte, die er herausbekommt. Er nimmt Tamara in den Arm. Und als er seine Lachmuskeln endlich wieder unter Kontrolle hat, fügt

74

er hinzu: »Mir geht es genauso. Nur so klein zu heiraten passt irgendwie gar nicht zu uns.«

Tamaras Tränen der Traurigkeit weichen einem Lachen. Die junge Braut ist erleichtert. Ihr fällt ein Stein vom Herzen. Und auch wenn es nur noch wenige Tage bis zur Hochzeit sind und alles bereits organisiert ist, beschließt das Paar, die Hochzeit abzusagen. Aber nicht für immer. Beide planen, die Hochzeit um ein Jahr zu verschieben, um ihre Liebe dann ganz nach ihren Wunschvorstellungen zu besiegeln. In einem märchenhaften Schloss, mit einer Kutsche und einer richtig großen Feier. Das bereits gekaufte Brautkleid will Tamara wieder verkaufen. Und all ihr Erspartes soll dann in ein Brautkleid nach ihren Wünschen fließen.

Und genau ein Jahr später geht ihr Wunsch dann tatsächlich in Erfüllung. Tamara hat so eifrig gespart, jeden Cent zur Seite gelegt und auf vieles verzichtet, dass sie sich ein auffälliges Brautkleid im Wert von rund eintausend Euro kaufen kann. Ein Kleid, das ihren Ansprüchen, Wünschen und Ideen gerecht wird. Mit viel Glitzer, Steinen, Perlen, Bling-Bling und Chichi. Sie erlebt ihre Hochzeit wie im Rausch und ist fest entschlossen, dieses Kleid, das ihr den schönsten Tag beschert hat, für immer zu behalten.

Und auch Miriam hat einen Weg gefunden, sich ihren Traum vom perfekten, pompösen Brautkleid zu erfüllen. Denn auch wenn die Zeit vor der Hochzeit zu den schönsten und zugleich aufregendsten Zeiten zählt, so ist es danach nicht einfach vorbei, sagen Hochzeitsexperten. Nach der Hochzeit wird es nämlich tatsächlich noch schlimmer. Dann weicht die

Euphorie für den großen Tag dem »Es ist vorbei«-Hochzeits-blues. Dann hält die Melancholie Einzug; und die Traurigkeit darüber, dass man in der Regel nur einmal im Leben heiratet und dieses eine Mal gerade hinter sich gebracht hat, steigt ins Unermessliche.

Da wird das Brautkleid in einem Glaskasten in der Woh-nung aufgebahrt. Da werden über Jahre all die Hochzeits-geschenke und Glückwunschkarten mitten im Wohnzimmer festlich den Besuchern präsentiert und regelmäßig abge-staubt. Da wird jedes Jahr am Hochzeitstag das Brautkleid angezogen und der Moment fotografisch festgehalten. Oder: Da wird das Ja-Wort jedes Jahr aufs Neue wiederholt. So wie bei Model Heidi Klum und Sänger Seal. Über Jahre haben die beiden sich an ihrem Hochzeitstag erneut ihre Liebe ge-schworen. Vielleicht um dieses Gefühl, diese Hochzeitsmagie, aufrechtzuerhalten und für einen weiteren Moment dem All-tag zu entfliehen. Nur genützt hat es den beiden nichts. Das Paar ist inzwischen geschieden, was vielleicht die Meinung derjenigen bestätigt, die behaupten, dass die Magie und der Zauber nicht künstlich aufrechterhalten werden können.

Miriam jedenfalls ist eine der Frauen, die ganz offensicht-lich dem Hochzeitsblues erlegen ist. Und das seit ihrer Hoch-zeit. Dem Tag, an dem sie in einem Kleid heiraten musste, in dem sie eigentlich gar nicht heiraten wollte. Doch ihr Budget ließ es eben nicht zu, dass sie sich ihren Wunsch erfüllen konnte.

Und wie heißt es so schön: Wenn man etwas nicht haben kann, dann will man es umso mehr.

Das trifft auch auf Miriam zu. Ihre Leidenschaft, ihr Traum, in einem Prinzessinnen-Kleid zu heiraten, wird mit jedem Tag nach der Hochzeit stärker. Das Verlangen danach wächst und wächst – und bringt Miriam auf eine Idee.

»Schöne Brautkleider haben es mir einfach angetan«, lese ich in Miriams Zeilen weiter.

Ich ahne, was jetzt kommt. Miriam hat die Onlinewelt, die Welt der vielen ungetragenen Brautkleider, die im Internet zum Kauf angeboten werden, für sich entdeckt. Genau wie ich. Doch sie interessiert sich weniger für die Geschichten, die hinter den Kleidern stecken. Nein. Jetzt, wo sie wieder etwas mehr Geld verdient und keine großen Ausgaben anstehen, kauft sie die Kleider, die von anderen Frauen meist zum Schnäppchenpreis angeboten werden, um sich so zu fühlen, wie sie sich bei ihrer Hochzeit gerne gefühlt hätte. Prinzessinen-like. Glücklich. Beseelt. Voller Leidenschaft.

Sie trägt die Kleider für ein paar Minuten, manchmal auch etwas länger, schaut sich damit im Spiegel an, träumt sich in eine andere Welt. In Gedanken geht sie dann ihre eigene Hochzeit noch einmal durch, stellt sich immer wieder vor, wie es wohl gewesen wäre, wenn sie in genau diesem gerade gekauften Kleid geheiratet hätte. Sie spürt den Stoff auf ihrer Haut, inhaliert den Geruch, denn jedes Kleid riecht anders, sie fühlt die Nähte nach, die Details und sie lässt ihre Gedanken schweifen. Dabei geht sie so vorsichtig vor, damit bloß kein Fleck, keine gerissene Naht und kein Staubkorn das Kleid entwerten. Doch obwohl sie so vorsichtig sein muss, kann Miriam in diesem Moment alles um sich herum vergessen und einfach nur glücklich sein.

Irgendwann zieht sie das Kleid dann wieder aus, packt es

behutsam zurück in den Kleidersack, verstaut es ordentlich in ihrem Schrank und verkauft es dann in dem gleichen, makellosen Zustand weiter.

Nicht immer findet sich dabei direkt eine neue Käuferin. Manchmal dauert es Tage, Wochen oder sogar Monate. Und in diesen Momenten fragt sich Miriam, ob sie ihr Hobby, ihre Leidenschaft, nicht lieber aufgeben sollte. Denn der Platz in ihrer kleinen Mietwohnung ist begrenzt, und ihr Mann ist, das spürt sie, wenn sie ehrlich zu sich selbst ist, auch nicht gerade begeistert von ihrem Hobby. Doch auf der anderen Seite fühlt sich Miriam noch nicht bereit, ihren Traum aufzugeben.

»Und irgendwann kauft dann jemand das Kleid, man muss eben nur geduldig sein«, sagt Miriam.

Zwar seien die Verkäufe auch manchmal mit einem finanziellen Verlust verbunden, doch in den meisten Fällen bekomme sie wenigstens den bezahlten Betrag wieder zurück. In ganz seltenen Fällen mache sie sogar Gewinn. Aber darum geht es Miriam nicht. Ihr geht es allein um das magische Gefühl des Augenblicks. Und es ist ihr egal, was andere darüber denken.

Miriam steht zu sich und zu ihrer Leidenschaft. Sie tut alles, damit sie glücklich ist. Miriam versteht, was es heißt, frei zu sein und diese Freiheit zu leben. Auf ihre ganz eigene, spezielle Art und Weise.

Faszination Brautkleid

Was macht eigentlich den Zauber eines Brautkleides aus? Warum träumen viele Bräute seit ihrer Kindheit von diesem Kleid, das sie nur einmal tragen werden?

Vielleicht, weil uns die Gesellschaft genau das vorlebt. Weil bereits unsere Großmütter und Mütter in einem Brautkleid geheiratet haben. Weil Brautkleider zur Hochzeit einfach dazugehören.

Oder steckt da noch mehr dahinter? Die Frage nach dem Warum beschäftigt mich schon eine ganze Weile. Eigentlich, seitdem ich beschlossen habe, mir selbst kein »richtiges« Brautkleid zuzulegen. Diese Entscheidung, die ich mit voller Überzeugung getroffen habe, konnte zunächst nicht jeder in meinem Umfeld nachvollziehen.

»Man heiratet doch nur einmal«, ist eine der Reaktionen, die ich am häufigsten auf meine Idee mit dem weißen Sommerkleid statt des klassischen Brautkleides zu hören bekomme.

Ich beschließe also, der Frage nach dem Grund, dem Auslöser für die Faszination Brautkleid nachzugehen. Wenn mir schon die vielen Frauen, die jetzt ihr ungetragenes Kleid verkaufen, ihre Geschichte erzählen, dann werden mir bestimmt auch die vielen Bald-Bräute antworten, die gerade dabei sind, ihre Hochzeit zu planen, oder?

Seit Beginn meiner eigenen Hochzeitsplanung bin ich täglich auf der Suche nach Inspirationsquellen. Bei dieser Ideen-Suche bin ich auch auf die verschiedensten Brautgruppen in den sozialen Netzwerken gestoßen. Diese Gruppen tragen Namen wie »Hochzeitsbörse«, »Brautgeflüster«, »Brautrundruf« oder »Wir heiraten« und haben unzählige Mitglieder. Ich selbst bin zwar auch Teil dieser Gruppen, halte mich bislang aber meist im Hintergrund. Ich lese also nur, was gepostet wird, statt selbst etwas zu teilen. Doch an diesem Mittwoch, der in der Onlinewelt auch gerne unter dem #weddingwednesday (es gibt auch noch den #mrandmrsmonday oder #flowerfriday) zelebriert wird, beschließe ich, mich aus dem Schattendasein zu befreien und tatsächlich auch einmal etwas in die Gruppe zu schreiben.

»Warum ist es euch so wichtig, in einem Brautkleid zu heiraten? Welche Bedeutung hat dieses Kleid für euch?«, tippe ich in das kleine, für Postings vorgesehene Feld. Vielleicht kann ich so herausfinden – oder zumindest ein bisschen besser verstehen –, was diese Faszination rund um das Brautkleid eigentlich ausmacht.

Es dauert nicht mal drei Minuten, da bekomme ich die erste Antwort. In nur wenigen Stunden erhalte ich die unterschiedlichsten Reaktionen auf meine Frage:

VALENTINA: »Mein Brautkleid ist DAS Erinnerungsstück an meine Hochzeit. Ein Brautkleid macht eine Frau besonders und lässt sie strahlen. Eine Braut zu sein ist wundervoll.«

ANNA: »Das Brautkleid repräsentiert meine Persönlichkeit und das, was ich an meiner Hochzeit gerne sein und fühlen möchte. Ich werde es immer mit dem gesamten Hochzeits-Feeling verbinden. Ich plane, es sogar jedes Jahr am Hochzeitstag anzuziehen und dann ein Foto darin zu machen.«

LISA: »Ein Brautkleid sollte passen und sofort überzeugen. Ich trage sonst eher selten solche eleganten Kleider, daher ist für mich dieser Anlass wirklich etwas Besonderes.«

SILKE: »Die eigene Hochzeit ist eine super Gelegenheit, sich mal ein tolles Kleid zu kaufen. Ich will mit dem Kleid niemanden beeindrucken. Am wichtigsten ist, dass es zu mir passt, dass ich mich darin nicht verkleidet fühle und es mich bei der Hochzeit nicht einschränkt. Ich will und werde mich in meinem Kleid super fühlen, und das ist die Hauptsache.«

GINA: »Mir ist es wichtig, die Hochzeit als strahlende Braut zu genießen. Und da gehört das Brautkleid nun einmal dazu.«

STEFFI: »Ich liebe einfach Kleider. Deswegen trage ich zur Hochzeit auch eins.«

NINA: »Der gesamte Tag der Hochzeit ist etwas Besonderes. Und dafür braucht man eben auch etwas Besonderes zum Anziehen.«

FRANZI: »Ich weiß nicht, warum, aber das Gefühl, diese Kleider anzuziehen, egal ob sie einem alle stehen oder dem eigenen Geschmack entsprechen, ist einfach unglaublich! Ich war so verzaubert davon, die Schnitte und die Stoffe auf meiner Haut zu spüren. Die Kleider werden einem so vorsichtig angezogen. Man wird überhaupt angezogen! Für mich hat das Brautkleid so einen starken Zauber, dass ich wirklich monatlich losgehen könnte, um immer wieder Kleider anzuprobieren. Es fühlt sich alles zart und leicht an, und irgendwie wird man zurückversetzt in die Zeit, in der man Kind war, wo man mit Mama Kleider kaufen ging, und die Eltern ganz glücklich und verzückt waren, weil man so ein süßes Kleidchen anhatte.«

INSA: »Das Brautkleid ist einfach DAS Kleid für DEN Mann.«

LENA: »Ich wollte nie ein typisches Brautkleid anziehen. Und plötzlich war ich selbst Braut, und nachdem ich das erste Kleid anprobiert hatte, war es um mich geschehen. Das ist so eine reine Gefühlssache.«

REBECCA: »Das Brautkleid ist das eine Kleid im Leben einer Frau, auf das sie sich schon seit Kindheitstagen freut, auf das sie so lange hingefiebert hat. Es gehört einfach zu einer Hochzeit dazu.«

Ich bin auf einem Dorf aufgewachsen. In Ganderkesee, einer Gemeinde in Niedersachen, in der Nähe von Delmenhorst, zwischen Bremen und Oldenburg, habe ich neunzehn Jahre meines Lebens verbracht. Hier war ich das erste Mal verknallt, hier habe ich das erste Mal einen Jungen geküsst, hier war ich das erste Mal betrunken. Genau genommen passierte alles an einem Tag. Am 1. Mai 2001. Damals war ich vierzehn Jahre alt. Er kam aus Delmenhorst, ich aus Ganderkesee. Wir trafen uns in der Mitte, beim Tanz in den Mai.

Ich erinnere mich noch genau, obwohl ich nach einem Bier schon angeschwipst war. Wir feierten, tanzten, tranken und küssten uns schließlich um kurz nach Mitternacht in einem Partyzelt an der Bar. Der Kuss war eher so lala, ständig prallten unsere Zähne aneinander. Ich redete mir ein, dass das so sein muss, und fing an zu träumen. Von einer gemeinsamen Zukunft mit diesem Jungen, in den ich schon wochenlang heimlich verknallt war. Damals habe ich mir ausgemalt, wie meine Hochzeit verlaufen würde, ganz romantisch, eben wie in diesen unzähligen Liebesfilmen. Ich wusste genau, wie mein Kleid aussehen sollte. Es sollte genauso besonders sein wie der Mann, den ich einmal heiraten würde. Doch mein Traum zerplatzte nach gerade einmal drei Monaten und zwölf Tagen, als er sich von mir trennte.

Natürlich habe ich noch weitergeträumt, aber mit jeder Enttäuschung und dem Umzug vom Land in die Stadt sind meine Träume kleiner und stiller geworden. So eine klassische Dorfhochzeit, mit kitschiger Hochsteckfrisur, roten Rosenblättern, Herz-Bettlaken zum Ausschneiden, Holzstamm zum Durchsägen war lange Zeit das, wovon ich geträumt habe. Okay, ich wusste es vielleicht einfach nicht besser. Inzwischen kann ich mir das so gar nicht mehr vorstellen.

Nichts mehr mit Gänsehaut vor lauter Vorfreude. Eher stellen sich mir bei dem Gedanken an genau solch eine Dorfhochzeit die Nackenhaare auf.

Aber zu meinem Glück dreht sich die Hochzeitswelt ja stetig weiter, und wo sich eine Tür schließt, da öffnet sich eine andere. Nämlich die Browser-Tür. Im Internet gibt es nichts, was es nicht gibt. Hier werden von Hochzeitswahnsinnigen schon seit Jahren die neuesten Entdeckungen, Trends und Erfindungen auf diversen Hochzeitsblogs, digitalen Pinnwänden oder in den sozialen Medien geteilt. Und so findet tatsächlich jedes Brautpaar, ja, wirklich jede Braut und jeder Bräutigam, da bin ich mir sicher, die passenden Ideen mit auch gleich den passenden Anbietern dazu.

Auch ich durchforste seit Beginn unserer Hochzeitsvorbereitungen diese digitalen Plattformen. Inzwischen habe ich mir sogar eine Leseliste mit meinen Lieblingsblogs und Hochzeitsshops angelegt. Und wann immer es die Zeit zulässt, klicke ich mich durch die neuesten Einträge und durch das Deko-Sortiment und träume vor mich hin. Und dann, an einem Donnerstagnachmittag, ein paar Monate, nachdem ich den Heiratsantrag bekommen habe, verliebe ich mich. Hals über Kopf. In ein Brautkleid. Ich erlebe auf meine ganz eigene Art und Weise, vom Sofa aus, diesen Brautkleid-ja-ich-will-Moment.

Durch Zufall stoße ich beim Lesen auf einen Artikel mit dem Titel »Wunderschöne Boho-Hochzeit für geringes Budget«. Das Brautpaar hat für gerade einmal viertausend Euro eine Hochzeit auf die Beine gestellt, die, zumindest wenn man sich die Bilder anschaut, unglaublich gewesen sein muss. Das Paar hat mit Freunden und Verwandten mitten in der Natur gefeiert. Es gab ein leckeres Grillbüfett, ein gemütliches Partyzelt und jede Menge selbstgestaltete und selbstgebastelte Deko. Mein persönliches Highlight ist allerdings das Kleid der Braut. Ein bodenlanges weißes Sommerkleid im Boho-Stil mit zarter Blumen-Häkelspitze. Preis im Schlussverkauf: dreißig Euro.

Ich starre eine ganze Weile auf die Fotos der Braut in ihrem Kleid. In meinem Körper kribbelt es. Ich bekomme zittrige Hände und bin direkt nervös. Ich fühle mich so zu diesem Kleid hingezogen, obwohl ich es wirklich nur auf Fotos betrachte. Ich halte nichts in den Händen, spüre den Stoff nicht zwischen den Fingern. Nein, ich starre ein Bild an. Im Internet. Auf einem Hochzeitsblog. Und dieser Moment stimmt mich, genauso wie er ist, absolut zufrieden und glücklich. Ist das also tatsächlich dieser besagte magische Ich-habe-ein-Brautkleid-gefunden-Moment? Der Augenblick, in dem die Qual der Wahl endlich ein Ende hat?

Zumindest, so viel steht fest, ist es das erste Kleid, das mich direkt aus der Fassung bringt. Ja. Dieses Kleid fasziniert mich. Ich starre immer noch den Bildschirm an. Dann bin ich mir sicher: Ich muss dieses Kleid haben.

Wenig später schaltet sich mein Kopf wieder ein. Mir schwant Böses: Die Braut hat das Kleid, wie sie selbst sagt, im Schlussverkauf erstanden. Und ihre Hochzeit liegt bereits ein paar Monate zurück. Heißt das, ihr Kleid steht gar nicht mehr zum Verkauf?

Ich tippe sofort den Namen des Labels bei Google ein. Ich verspüre keine Erwartungen. Dafür aber eine tiefe Sehnsucht. Nach genau diesem Kleid.

Nach einigen Klicks werde ich tatsächlich fündig. In einem meiner Lieblingsonlineshops gibt es das Kleid tatsächlich noch zu kaufen. Für die prophezeiten dreißig statt 120 Euro. Im finalen Schlussverkauf. Als ich das Kleid in den Warenkorb legen will – mein Herz hüpft da längst vor Freude, ich sehe mich in diesem entzückenden Stück Stoff bereits über die Wiese bei der Trauung schreiten –, werde ich schlagartig in die Realität zurückgeholt. Tschüs, heile Traumwelt. Mein vermeintliches Traumkleid, das Kleid, in das ich mich sofort verliebt habe, gibt es nur noch in der Größe S. Und ich trage normalerweise eine M. Ich seufze. Auf dem Boden der Tatsachen liegt eindeutig zu wenig Glitzer.

Doch manchmal ist das Beste, was man tun kann, einfach durchzuatmen und daran zu glauben, dass alles gut werden wird. Vielleicht nicht so, wie man es geplant hat, aber so, wie es eben sein soll. Und im Notfall bleibt mir ja auch noch eine andere Möglichkeit: Ich muss abnehmen. Diät halten. Oder das Kleid weiter nähen lassen. Mir wird auf jeden Fall schon etwas einfallen, da bin ich mir sicher. Ich entscheide mich also für das Kleid – und lege es zusammen mit drei weiteren weißen Kleidern, die ich als Alternative ausgesucht habe, in meinen Warenkorb. Dann klicke ich auf den Button »Bestellung abschicken«.

Danach schaue ich mir noch einmal die Bilder des Kleides an. Für einen kurzen Moment schließe ich die Augen. Ja, das Kleid würde zu mir passen. Zu mir und zu unserer Hochzeit. Es ist sommerlich, leicht, romantisch-verspielt, aber nicht zu auffällig. Die Häkelspitze ist ein echter Hingucker, sie ist luftig und lenkt den Blick auf den oberen Teil meines Körpers, ohne zu viel offenzulegen. Das Kleid ist bodenlang, und es gefällt mir. Auch auf den zweiten, dritten, vierten, fünften, sechsten und siebten Blick. Und das, obwohl ich eigentlich ein kurzes Kleid wollte. Ich habe mal gelesen, dass das besser zu meiner Figur passt. Aber jetzt ist es eh zu spät. Ich habe es bestellt. Notfalls lasse ich es kürzen.

Demet

Ich warte auf dem Bahnhofsvorplatz in Köln. Pünktlich und etwas aufgeregt. In wenigen Minuten werde ich Demet treffen. Eine junge Deutschtürkin, deren Brautkleid ebenfalls nicht zum Einsatz kam. Etwas ungeduldig schaue ich immer wieder auf meine Armbanduhr. Das Treffen zu planen war nicht ganz so leicht. Demet hatte mich gebeten, zu mir nach Köln kommen zu können, zu groß sei die Gefahr, gesehen zu werden, wenn wir uns dort treffen würden, wo sie eigentlich lebt. Zu viel sei dafür passiert, zu unsicher fühle sie sich.

Dann sehe ich endlich eine junge Frau aus dem Bahnhof laufen. Über ihrem Arm trägt sie einen übergroßen Kleidersack, darin offensichtlich ein Brautkleid. Das muss Demet sein. Ihr Hochzeitskleid wollte sie mir unbedingt in echt zeigen. Sie lächelt. Ich winke kurz. Ach, denke ich spontan, so selbstbewusst hatte ich mir Demet gar nicht vorgestellt. Bei unserem ersten Telefonat wirkte sie unsicher, fast schon zerbrechlich. Vielleicht lag das aber auch daran, dass sie beim Erzählen weinen musste. Doch nun steht eine lächelnde, moderne junge Frau vor mir. Schlank, mittelgroß, Mitte zwanzig, mit langen offenen Haaren und einem Nasenpiercing. Wir nehmen uns in den Arm.

Mit dem Auto fahren wir zu mir in die Wohnung. Nach

einem kurzen Plausch in der Küche, wir sprechen über Demets Zugfahrt, ihre Heimatstadt, ihre Familie, machen wir es
uns mit einer Tasse Tee auf der Couch im Wohnzimmer
gemütlich. Demet will mir hier ihre komplette Geschichte erzählen – eine Geschichte, die so bewegend und erschütternd
ist, dass ich nach unserem ersten Telefonat Tage gebraucht
habe, um das Erzählte zu verarbeiten. Es geht um türkische
Traditionen, um die Ehre der Familie, um eine nach außen hin
heile Welt, die jedoch in ihrem Innersten längst zerbrochen ist.

Demet träumt schon als kleines Mädchen vom Heiraten.
Wann immer sie kann, schaut sie Zeichentrickfilme. Und immer, wenn sie darin eine Prinzessin entdeckt, fängt sie an zu
träumen. Schon früh beginnt sie, ihre Träume und Ideen auf
Papier festzuhalten. Sie zeichnet immer und immer wieder ihr
Prinzessinnen-Traumkleid, das sie eines Tages, wenn sie den
passenden Prinzen gefunden hat, unbedingt tragen möchte.
Es ist ein märchenhaftes Kleid mit einer langen Schleppe,
handbestickt mit Perlen und Kristallen. Obenrum figurbetont
durch eine Korsage, untenrum mit einem ausgestellten Rock.
Also ähnlich wie das Traumkleid von Miriam.

Doch während Demet ihr Brautkleid gedanklich schon
längst gefunden hat, gestaltet sich die Suche nach dem richtigen Partner eher schwierig. Denn Demets Eltern akzeptieren ausschließlich einen türkischstämmigen Mann an der
Seite ihrer Tochter. Und so wächst der Druck auf Demet
von Tag zu Tag. Bis sie eines Tages – Demet arbeitet damals
als Aushilfe bei einem Pizzaservice – Hakan kennenlernt.

»Hakan hat mir sofort gefallen. Er hat als Auszubildender

bei uns angefangen und war sofort ein sehr beliebter Mitarbeiter. Er war lustig und hat uns alle ständig zum Lachen gebracht. Er war hilfsbereit, wirkte sehr sympathisch und schien gut erzogen zu sein«, erzählt mir Demet, während ihr Blick nachdenklich durch den Raum schweift.

»Ich hätte nie gedacht, dass er auch eine dunkle Seite haben könnte.«

Ich beobachte Demet und merke in diesem Moment, wie sehr ich sie bewundere. Dafür, dass sie so eine starke Frau ist, die mitsamt ihrem Brautkleid den weiten Weg nach Köln auf sich genommen hat, um mir hier ihre Geschichte zu erzählen. Demet sagte in unserem Vorgespräch diesen einen Satz, der mir auch heute noch von Zeit zu Zeit im Kopf herumschwirrt: »Natürlich erzähle ich dir meine Geschichte, wenn ich damit anderen Frauen helfen kann.«

Ich glaube, dass das Erzählen der Brautkleider-Geschichten für viele Frauen tatsächlich eine Hilfe sein kann. Denn die Geschichten machen, trotz ihrer manchmal ziemlich intensiven Traurigkeit, auch Mut. Selbst Demets Geschichte macht Mut. Denn die junge Frau hat inzwischen einen Weg gefunden, mit den Geschehnissen umzugehen. Sie hat es geschafft, als starke Frau aus einer Geschichte herauszugehen, die sie beinahe zerstört, die sie sogar fast das Leben gekostet hätte. Denn der Mann, von dem Demet anfangs so fasziniert war, hat zwei Gesichter.

»Also ich war nicht wirklich verliebt in Hakan«, dringen die Worte von Demet in mein Bewusstsein. Ich wende meinen Blick wieder zu ihr. »Es war eher dieses vertrauliche, freundschaftliche Gefühl, das mich mit ihm verbunden hat.«

Was die beiden gebraucht hätten, wäre Zeit gewesen, Zeit zum Kennenlernen, um sich einander sicher zu sein. Das weiß Demet heute. Vielleicht wäre dann alles anders gekommen. Doch kurz nach dem ersten Date bekommen Demets Geschwister Wind von der jungen Liebe – und erzählen es nur ein paar Tage später direkt Demets Mutter.

»Sie haben mir sogar vorher noch gedroht und gesagt, wenn ich es nicht erzählen würde, dann würden sie es tun. Na ja, und so kam es eben, dass meine Mutter auf einmal davon wusste.«

Und Demets Mutter ist von der heimlichen Beziehung nicht begeistert. Sie redet auf Demet ein, ohne Punkt und Komma, zwingt sie, sich sofort mit Hakan zu verloben. Das sei vor allem deshalb so wichtig, damit die Öffentlichkeit nicht schlecht über die Familie redet, damit Demets Familie nicht ausgegrenzt wird und die Ehre und das Ansehen der Familie nicht beschmutzt werden können. Denn eine öffentliche Beziehung mit einem Mann wird in den Gesellschafts- und Religionskreisen, zu denen Demets Familie gehört, nur mit Verlobung und geplanter Hochzeit akzeptiert.

Von bedingungsloser Liebe und tiefer Verbundenheit ist bei Demets Verlobung daher wenig zu spüren. Die Feier des jungen Paares gleicht eher einem Akt der Inszenierung. Alle Mitglieder der Familie sind gekommen, versammeln sich im Wohnzimmer, haben Geschenke, Blumen und auch die Ringe für die Verlobung mitgebracht. Das Ritual, das die Verlobung des Paares besiegelt, ist kurz und schmerzlos. Die Verlobungsringe werden mit einer langen roten Schnur verbunden und an die jeweils rechte Hand von Demet und Hakan angesteckt.

Anschließend wird das Band durchgeschnitten. Damit ist es offiziell: Demet ist verlobt. Das war's.

Es gibt keinen romantischen Heiratsantrag, keine herzerwärmenden Worte, keinen Kniefall. Auch muss Demet nicht voller Spannung und Vorfreude auf den Moment der Verlobung hinfiebern. Stattdessen soll sie schon ganz bald einen Mann, für den sie eigentlich noch gar keine richtige Liebe empfindet, zu ihrem Mann nehmen.

Verständlich also, dass Demet, im Gegensatz zu vielen anderen Paaren, nach der Verlobung keinerlei Glücksgefühle, Euphorie oder Freude empfindet.

»Erst mal habe ich mich so mitziehen lassen. Unter dem Trubel habe ich auch irgendwie ganz vergessen, ob ich das überhaupt möchte oder nicht. Erst später habe ich dann realisiert, dass ich jetzt verlobt bin.«

So richtig gespürt hat sie es eben nicht. Ihre Verlobung hat sich Demet anders vorgestellt.

»Nicht bei uns zu Hause und so ganz spontan. Ich weiß nicht, das war nichts Besonderes«, fügt sie noch hinzu.

Dann blickt sie nachdenklich aus dem Fenster, während sie vorsichtig an ihrem Tee nippt.

Eine Verlobung ist das offizielle Versprechen, einander zu heiraten und somit auch ganz offiziell zu lieben, zu ehren und zu achten. Und eine Hochzeit ist das bedingungslose Bejahen des Glücks, der Liebe, des Zusammenhalts, der Gemeinschaft, des Füreinander-da-Seins, des Verständnisses, der Ehrlichkeit und des Vertrauens. Doch was, wenn die Verlobung und somit auch die Hochzeit wie im Fall von Demet nicht freiwillig passieren, sondern arrangiert werden?

Das Bundesfamilienministerium schätzt, dass in Deutschland jedes Jahr rund dreitausend Mädchen und Frauen von einer Zwangsverheiratung bedroht sind. Aber das ist nur die Zahl derjenigen, die den Weg in die Beratungsstellen finden. Die Dunkelziffer ist sicherlich weit höher.

Wie mag es sich bloß anfühlen, wenn die Eltern darüber entscheiden, wann und wen man heiratet? Und noch viel schlimmer: Wie ist es, jemanden heiraten zu müssen, den man nicht liebt? Nach dem man kein Verlangen verspürt? Mit dem man nicht jede Sekunde verbringen, nicht jedes Erlebnis teilen möchte?

Demet fühlt sich in der Zeit nach ihrer Verlobung, wie sie selbst sagt, ohnmächtig, haltlos und innerlich zerrissen. Doch sie weiß keinen Ausweg aus ihrer Situation, hat niemanden, dem sie sich anvertrauen kann, und beschließt deshalb, die Tatsache, dass sie Hakan bald schon heiraten wird, erst einmal hinzunehmen und zu akzeptieren. Sie macht das Beste aus ihrer Situation, versucht, sich abzulenken, und stürzt sich in die Hochzeitsvorbereitungen. Denn, wenn sie sich schon nicht den Partner für ihre Hochzeit aussuchen kann, dann möchte sie wenigstens, dass ihre Hochzeit so wird, wie sie es sich immer erträumt hat.

»Ich habe mich während meiner Vorbereitungen sogar wirklich ein bisschen auf die Hochzeit gefreut. Ich fand den Gedanken schön, mit der Familie, mit all meinen Freunden, die ich so lange nicht gesehen habe, zusammenzukommen und zu feiern«, sagt Demet. Ihre Worte klingen ehrlich. Und auch, wenn es mir schwerfällt, ich verstehe sie. Denn die Zeit vor der Hochzeit ist so aufregend, und es gibt so viel zu tun, dass oft schlichtweg keine Zeit mehr für andere Dinge bleibt. Probleme und Zweifel treten in den Hintergrund und weichen der Hoffnung auf das, was kommt. Darauf, dass alles gut wird.

Demets Hoffnung erfüllt sich nicht. Im Gegenteil. Nur wenige Tage nach der Verlobung zeigt sich Hakan von einer anderen Seite. Ihre Hochzeitsplanungen werden von einem unguten Bauchgefühl überschattet. In ihrer Beziehung zu Hakan kriselt es.

Ihr Brautkleid, eine Maßanfertigung nach ihrer eigenen Zeichnung, inspiriert von ihren Kindheitsträumen, hat Demet da bereits bei einem Designer in der Türkei in Auftrag gegeben. Auch ihre Lieblingsband und ihren Lieblingshochzeitsvideografen hat die junge Braut bereits gebucht. Hakan scheint wenig begeistert von den Plänen seiner Verlobten. Er wirkt unausgeglichen, trinkt immer häufiger Alkohol. Und dann passiert es.

»Irgendwann hat Hakan mich morgens angerufen, er wollte mich sehen. Er kam dann vollkommen betrunken bei uns zu Hause vorbei, hat gegen die Tür gehauen und nach mir geschrien. Ich wollte nicht, dass die Nachbarn das mitbekommen, ich wollte mich nicht blamieren, also habe ich ihn in unsere Wohnung gelassen«, erzählt Demet.

Hakan geht mit Demet in ihr Zimmer. Der jungen Frau wird das alles zu viel. Sie kann nicht mehr. Ihre Gefühle, die sie wochenlang unterdrückt hat, überwältigen sie. Sie will sich nicht länger einem Mann versprechen, den sie ganz tief in ihrem Inneren ablehnt. Hakan ist einfach nicht der Mann, mit dem sie alt werden will.

»Ich habe ihm gesagt, ich möchte mit so jemandem wie ihm nicht den nächsten Schritt wagen. Ich möchte mich trennen. Und dann hat es angefangen.« Demet schweigt kurz. Sie blickt auf den Boden. Hakan wird in diesem Moment das erste Mal gewalttätig. Er schlägt Demet mehrfach ins Gesicht, Demet verstummt.

»Ich habe in den ersten Minuten, in denen er mich geschlagen hat, gar nichts gesagt. Ich wollte nur, dass es keiner mitbekommt, dass es endlich aufhört. Es war mir total peinlich.«

Sie fleht Hakan an, dass er aufhören soll. Doch er macht weiter. Er schleudert sie durch den Raum, beginnt, sie mit einer Hand zu würgen. Mit der anderen Hand hält er die Tür zu, denn Demet hat Angst um ihr Leben und beginnt, laut zu schreien. Ein Hilferuf, der zum Glück von ihrer Mutter und ihren Geschwistern gehört wird. Als sie die Tür endlich aufdrücken können, liegt Demet fast bewusstlos auf dem Bett, es fällt ihr schwer zu atmen. Gemeinsam packen sie Hakan und werfen ihn aus der Wohnung.

In diesem Moment scheint es, als hätte auch Demets Familie verstanden, dass dieser Mann nicht der Richtige für sie sein kann. Ihre Mutter kümmert sich liebevoll um ihre Tochter. Sie bringt Demet ins Wohnzimmer, macht ihr einen Tee, schaltet einen ihrer Lieblingsfilme ein, einen Prinzessinnen-Zeichentrickfilm.

»Das waren halt Kinderfilme«, sagt Demet. Sie beginnt zu weinen. Die Erinnerungen an diese Zeit schmerzen. Ich streiche Demet über den Arm. So stark und selbstsicher sie auf den ersten Blick wirkt, so verletzt und zerbrechlich ist sie doch im Inneren.

»Als ich wieder zu mir gekommen bin und realisiert habe, was passiert ist, da habe ich auch gemerkt, wie mein Gesicht beginnt anzuschwellen. Ich hatte ein blaues Auge und überall blaue Flecken. Meine Nase hat die ganze Zeit geblutet«, fährt Demet fort.

Wie es weitergehen soll, weiß Demet in diesem Moment nicht. Ihr fehlt die Kraft, eine Entscheidung zu treffen. Natürlich, so erzählt sie mir, habe sie die Verlobung beenden wollen. Auf der anderen Seite hatte sie Angst vor der Reaktion ihrer Familie. Hakans und Demets Familie setzen sich kurze Zeit später zusammen und entscheiden für das Paar. Sie nehmen Demet also die Entscheidung ab. Doch ihnen geht es nicht wirklich um Demets Wohl, sondern vielmehr um ihr eigenes Ansehen. Und so beschließen sie, dass es keine Trennung geben wird. Die Begründung: Da es sich in der Öffentlichkeit bereits herumgesprochen hat, dass das Paar verlobt ist, würde eine Trennung zu diesem Zeitpunkt Schande über die Familie bringen.

»Sie sagten, ich muss Respekt vor unserer Tradition und Kultur haben. Ich soll die Situation akzeptieren und nach vorne blicken.«

Hinter den Worten ihrer Familie stehen kein Fragezeichen und auch kein Ausrufezeichen. Sondern ein Punkt. Es ist eine eindeutige Aussage, eine klare Botschaft, eine Selbstverständlichkeit. Du wirst dich nicht trennen. Punkt. Kein Augenzwinkern. Kein Lächeln. Nein. Das hier ist für Demets Familie eine ernstzunehmende Angelegenheit.

So schwer Demet es auch fällt, die Entscheidung ihrer Familie zu verstehen, sie nimmt all ihren Mut und ihre Kraft zusammen und gibt ihrer Beziehung zu Hakan eine zweite Chance. Vielleicht hat er ja verstanden, dass sein Verhalten falsch gewesen ist. Demet versucht, sich selbst Mut zuzusprechen. Ganz sicher wird er ihr nicht mehr drohen oder ihr gegenüber gewalttätig werden. Die Ansage von Demets Familie hat ihm bestimmt die Augen geöffnet. Oder?

Demets Hoffnungen werden nicht erfüllt. Nur wenige Tage später spitzt sich die Situation erneut zu. Hakan wird ein weiteres Mal handgreiflich. Und die Übergriffe häufen sich. Zunächst sind es kleinere Ausbrüche, irgendwann muss Demet fast täglich Schläge einstecken. Und Hakan wird noch brutaler. Wann immer er kann, verprügelt er seine Freundin.

»Einmal habe ich meinen Ex-Freund gesehen. Er war zwar auf der gegenüberliegenden Straßenseite, aber Hakan dachte, dass ich aus seinem Wagen ausgestiegen bin, dass ich mit ihm zusammen war.«

Er schubst sie ins Gebüsch und schlägt minutenlang auf sie ein. Irgendwann wird Demet bewusstlos. Eine Nachbarin findet sie und bringt sie in Sicherheit. Ein paar Tage später geht das Spiel von vorne los. Hakans Übergriffe finden jetzt auch auf der Arbeit, vor der Uni, im Hinterhof statt – morgens, mittags, abends und nachts.

»Ich glaube, er hat einfach einen Grund gesucht, seine Wut oder seinen Frust irgendwo rauszulassen«, sagt Demet.

Statt zur Polizei zu gehen und sich Hilfe zu holen, schweigt die junge Frau. Aus Angst vor ihrer Familie, den Menschen, die ihr eigentlich den Rücken stärken und immer hinter ihr stehen sollten. Doch aus ihren Familienmitgliedern werden in den Momenten, in denen Hakan ihr Schmerzen und Leid zufügt, Fremde. Menschen, die sich mehr um ihr eigenes Wohl als um das von Demet sorgen. Die eher darum besorgt sind, dass eine Trennung Schande über die Familie bringen könnte. Und so bleibt Demet nichts anderes übrig: Sie muss durchhalten.

Zwei Wochen vor der geplanten Hochzeit eskaliert die Situation dann endgültig. Hakan lebt da bereits in der gemeinsamen Wohnung, in die auch Demet nach der Hochzeit einziehen soll. Als Hochzeitsgeschenk hat er ihr ein Katzenbaby gekauft. Das vermeintlich lieb gemeinte Geschenk ist der Auslöser für einen erneuten Streit.

Demet will nur schnell ein paar ihrer Sachen in die gemeinsame Wohnung bringen, doch als sie die Wohnung betritt, fällt ihr sofort ein unangenehmer Geruch auf.

»Ich habe ihn darauf angesprochen, dass die Katze alles vollgesaut hat, und ihn gefragt, warum er sich nicht um sie kümmert. Sie hatte nicht einmal Wasser oder was zu essen. Sie war schon ganz dünn und schwach.«

Demets direkte Worte, die eigentlich nur ihre Sorge um das Leben des Tieres widerspiegeln, sind in Hakans Augen ein direkter Angriff. Ein Angriff gegen ihn. Er duldet keine Frau, die Widerworte gibt. Er nimmt die Katze und wirft sie gegen die Wohnungstür.

»Sie hat sofort angefangen zu weinen, zu zappeln. Da habe ich sie natürlich direkt auf meinen Arm genommen und in meine Tasche gesteckt. Als ich gehen wollte, hat er mich gepackt.«

Demet zögert. Ihre Stimme wird leiser, als habe sie Angst, dass jemand etwas von dem, was sie mir gerade erzählt, mitbekommen könnte. Demet versucht noch, sich loszureißen. Doch während sie ihn anschreit, ihm sagt, dass alles vorbei ist, zerrt er sie an den Haaren in Richtung Schlafzimmer. Er schleudert sie gegen die Zimmertür. Demet stößt mit voller Wucht mit ihrem Kiefer dagegen. Hakan agiert wie im Rausch. Er wirft sie aufs Bett und prügelt auf sie ein. Es dauert nicht lange, da wird Demet bewusstlos.

Als sie wieder zu sich kommt, ereilt sie der nächste Schock: Ihr Verlobter hat sie im Schlafzimmer eingesperrt. Sie bekommt nur Wasser zu trinken, aus einem Katzennapf. Ansonsten kümmert er sich nicht um sie. Das Martyrium dauert drei Tage. Demet ist am Ende ihrer Kräfte, doch sie hält durch. Wenig später bemerkt sie, dass Hakan bei einem seiner Kontrollgänge vergessen hat, die Tür abzuschließen. Demet überlegt nicht lange. Jetzt oder nie. Sie sammelt all ihre restliche Kraft zusammen und flieht aus der Wohnung.

Es ist nicht nur der seelische Schmerz, den Hakan ihr zugefügt hat. Auch körperlich hat Demet einstecken müssen. Ihre Nase und ihr Kiefer sind gebrochen, auf einem Ohr ist sie taub, sie hat Schnitte und Brandwunden am ganzen Körper. Die junge Frau wirkt abgeklärt, als sie mir von ihren Verletzungen erzählt. Dieses Mal bin ich es, die mit den Tränen zu kämpfen hat. Ich bin geschockt, entsetzt und wütend zugleich. Und ich verstehe nicht, warum Demet selbst nach dieser massiven Gewalt, mit all ihren Verletzungen, noch immer nicht zur Polizei oder wenigstens zum Arzt gehen will. Nein, sie zieht es nicht einmal in Erwägung. Stattdessen sucht sie Schutz. Bei ihrer Familie. Bei denjenigen, die ihr gedroht haben, sich von ihr abzuwenden, sollte sie sich gegen ihren gewalttätigen Verlobten stellen. Die die Ehre der Familie über Demets Wohl gestellt haben. Die gesagt haben, sie solle sich zusammenreißen und für die Familie, für die Tradition und die Kultur weitermachen. Auch wenn dieses Weitermachen bedeutet, dass Demet der blanken Gewalt ihres Verlobten ausgesetzt ist.

Demet flüchtet zu einem verwandten Paar in der Nachbarschaft. Sie ist verzweifelt. Denn sie weiß nicht, wie es weitergehen soll. Ja, selbst in dieser Situation ist Demets Angst vor der Reaktion ihrer Familie so groß, so zermürbend, dass sie nur zwei Möglichkeiten sieht: Entweder sie bleibt weiter bei Hakan, oder sie tut sich etwas an.

»Ich wusste einfach nicht, wie ich mit dem Erlebten klarkommen sollte. Mir war bewusst, dass ich die Situation wahrscheinlich alleine ausbaden muss.«

Demets Onkel wird in diesem Moment zu ihrer Rettung. Er holt sie bei den Verwandten ab, bringt sie nach Hause. Und dort wartet ihre Familie auf sie, tröstet sie. Und diesmal braucht es keine Worte, es ist sofort klar, dass die Verlobung aufgelöst wird. Vielleicht auch, weil Hakan längst nicht mehr erreichbar ist. Dass er die Zimmertür am Morgen nicht abgeschlossen hatte, war kein Zufall. Er hatte Demets Befreiung scheinbar geplant. Denn er wusste, dass er nicht wiederkommen würde. Noch am Morgen flüchtete er ins Ausland.

Es vergehen Monate, ja, sogar mehrere Jahre, bis Demet zurück ins Leben findet. Sie findet Halt in der Familie und realisiert Stück für Stück, was für ein Glück im Unglück sie gehabt hat. Glück, noch am Leben zu sein. Mit der Zeit merkt Demet auch, dass die Liebe und das Mitgefühl ihrer Familie nicht aufrichtig sind. Zunächst fühlt Demet sich zu Hause verstanden, geborgen, doch dann realisiert sie, warum ihre Familie so plötzlich für sie da war, sie sofort aufgenommen und unterstützt hat.

»Damit keiner über mich redet. Schlecht redet. Und sagt, die war ja mal verlobt. Alle haben versucht, zu vertuschen und zu verdecken, was passiert ist. Weil es eben ein Schandfleck ist.«

Als Demet das klarwird, löst sie sich von ihrer Familie. Endgültig. Sie macht eine Therapie, zieht aus dem elterlichen Zuhause aus. Ein weiteres Tabu für ihre Familie. Denn als unverheiratete Frau auszuziehen wird ebenfalls strikt abgelehnt. Dieses Mal aber wehrt sich Demet. Sie nimmt all ihren Mut zusammen und beginnt, ihr eigenes Leben zu leben. Sie erfüllt sich einen langgehegten Traum – und kauft sich einen kleinen Hund, der ihr Kraft gibt und sie jeden Tag aufs Neue motiviert aufzustehen. Und sie findet Halt bei Freunden.

»Ich habe sehr gute Freunde um mich herum, die mich motiviert und aufgebaut haben, die für mich da gewesen sind. Es ist manchmal einfach so: Wenn die Familie einem nicht helfen kann, sucht man sich woanders Liebe und Zuneigung.« Sie zögert, versucht noch zu lächeln, doch es gelingt ihr nicht. Dann fügt sie unter Tränen hinzu: »Und diese Liebe und Zuneigung habe ich bei meinen Freunden gefunden. Nicht bei meiner Familie.«

Ich frage mich, ob es wohl noch mehr Bräute da draußen gibt, die Ähnliches wie Demet erlebt haben und deshalb jetzt ihr ungetragenes Brautkleid verkaufen? Weil ihre Hochzeit zum Glück – anders kann man es nicht sagen – nicht zustande kam?

Ich schicke meine Frage hinaus ins Universum. Und werde belohnt. Es vergehen ein paar Tage, da landet tatsächlich eine weitere Geschichte in meinem E-Mail-Postfach. Es ist die Geschichte von Charleen.

Ich beginne zu lesen und bin schockiert. Bereits die ersten Zeilen verraten mir, warum ihr Brautkleid ungetragen ist. Zum Glück, denke ich beim Lesen, ist ihr nicht genauso etwas Dramatisches passiert wie Demet. Zwar hat sie auch jede Menge Leid und Schmerz erfahren, doch ist dieser »nur« seelischen Ursprungs. Und der Auslöser dafür ist auch nicht ihr Verlobter, oder zumindest ist er es nicht allein. Sondern vielmehr ihre Schwester, ihre engste Vertraute und beste Freundin.

Charleen liebt Niels, und Niels liebt Charleen. Es ist eine junge Liebe, die dennoch grenzenlos scheint. Als sich die beiden über eine Freundin kennenlernen, ist Charleen gerade einmal mit der Schule fertig. Das junge Paar kommt sich langsam näher, die beiden freunden sich an und treffen sich immer häufiger. Bei ihrem ersten offiziellen Date schauen sie sich gemeinsam ein Feuerwerk an. Niels liebt die bunten Lichter am Nachthimmel. Manchmal gehen sie auch mitten in der Nacht nach draußen und beobachten die Sterne. Es ist eine romantische, junge, aufregende Liebe, und für Charleen steht schnell fest: Niels ist der Richtige!

»Ich war von Kopf bis Fuß in ihn verliebt«, erzählt sie mir. Niels gibt ihr das Gefühl, zu Hause zu sein. Er schafft es, dass sie sich öffnen und fallenlassen kann. Mit ihm will sie ihr Leben verbringen.

Bereits nach ein paar Monaten ziehen die beiden zusammen, und nach einem Jahr Beziehung fahren sie in ihren ersten gemeinsamen Liebesurlaub. Es ist ein Wochenende Ende April, zusammen haben sie sich ein schönes Hotel ausgesucht. Sie verbringen den Tag zusammen, genießen ihre Zeit und planen, am Abend essen zu gehen.

Was Charleen erst später erfährt: Bereits im Restaurant plant Niels, ihr einen Heiratsantrag zu machen. Doch er entscheidet sich spontan dagegen. Vor all den Leuten um die Hand seiner geliebten Freundin anhalten? Das traut er sich dann doch nicht.

Als beide zurück im Hotel sind, ergreift Niels seine Chance. Er findet die passenden Worte, bestätigt Charleen noch einmal, wie sehr er sie liebt und dass er nicht mehr ohne sie sein möchte, kniet sich hin und hält dann um ihre Hand an. Charleen schwebt auf Wolke sieben und kann ihr Glück kaum fassen.

»Der Verlobungsring war etwas zu groß«, erinnert sich Charleen und lacht. »Aber für mich war dieser Moment perfekt. Ich musste nicht überlegen, ich habe natürlich gleich Ja gesagt.«

Charleen ist neunzehn Jahre alt, als sie den Antrag annimmt. Manche in ihrem Umkreis denken, dass sei zu jung. Doch für sie gibt es keinen Zweifel. Niels ist die Liebe ihres Lebens, warum also sollte sie warten? Außerdem träumt sie bereits seit ihrer Kindheit davon, so jung zu heiraten.

»Meine Großeltern haben das genauso gemacht und das hat mich immer sehr berührt. Meine Oma und mein Opa sind mein Vorbild. Ich wollte es ihnen nachmachen.«

Das junge Paar plant die Hochzeit für genau ein Jahr später. Auch das ist Charleens Traum. Ein Jahr verlobt sein. Auf den Tag genau. Um sich all ihre Wünsche zu erfüllen, sparen die beiden. Jeden Monat legen sie Geld in einem Umschlag zurück, damit ihr großer Tag möglichst perfekt wird.

»Ich wollte immer schon eine Traumhochzeit«, erzählt mir Charleen. »Und ein Traumkleid.« Da ist er wieder, derselbe Wunsch, den auch Tanja, Julia, Miriam und Demet hatten. Der Mädchentraum, der über die Jahre des Erwachsenwerdens immer stärker wird und sich nach der Erkenntnis, den passenden Partner gefunden zu haben, manifestiert.

Charleen hat genaue Vorstellungen von ihrem Traumkleid, und es ist für sie selbstverständlich, dass sie ihre Mutter und ihre Schwester mit ins Geschäft nimmt. Eigentlich will die junge Braut erst einmal nur schauen, was ihr so steht. Kaum haben die drei Frauen den Brautmoden-Laden betreten, gibt es kein Halten mehr. Die sprichwörtliche Anziehungskraft der

108

Kleider ist einfach zu groß. Charleen probiert gleich mehrere Kleider an. Mit Tüll und ohne. Mal etwas Ausgefalleneres, mal ein schlichteres Kleid. Mal lang und mal kurz. Doch es ist das erste Kleid, das sich gegen die anderen Kleider durchsetzen kann. Es ist das Kleid, das ihr nicht mehr aus dem Kopf geht, das ihr Herz schneller schlagen lässt. Eine A-Linie mit leicht ausgestelltem Tüll-Rock. Ohne Träger, dafür mit eingenähter Corsage. Besetzt mit funkelnden Perlen. Neupreis: eintausend Euro.

Auch bei der restlichen Hochzeitsplanung überlassen Charleen und Niels nichts dem Zufall. Sie sprechen bei dem Pastor ihrer Gemeinde vor, denn eine kirchliche Trauung ist für Charleen besonders wichtig. Sie laden vierzig Gäste ein, zwanzig von jeder Seite. So haben sie ihre Familienmitglieder und engsten Freunde dabei. Und Charleen plant eine Überraschung. Um Mitternacht soll es ein Feuerwerk geben. Als Erinnerung an ihr erstes Date mit Niels.

Nach den ersten Wochen der Vorbereitung und der Vorfreude kippt die Stimmung langsam. Immer häufiger kommt es wegen Kleinigkeiten zum Streit. Die Planung der Hochzeit wird zu einer Belastungsprobe für das junge Glück. Beide wünschen sich nichts sehnlicher, als dass am Hochzeitstag alles perfekt wird. Diese Aufgabe kostet Charleen und Niels jede Menge Energie, sie erfordert Zeit, Aufwand und Geduld. Die Planungen und Ideen für ihren großen Tag mit den alltäglichen Routineaufgaben und dem Job unter einen Hut zu bringen scheint für das Paar irgendwie unmöglich. Ihre Nerven liegen blank, ein Streit folgt dem nächsten.

Immer wieder drohen beide dem jeweils anderen, die Beziehung zu beenden. Doch es sind nur Worte, denen keine Taten folgen. In diesen Momenten zweifelt Charleen zwar an der Beziehung; an ihrer Liebe zu Niels zweifelt sie nicht. Im Gegenteil. Sie hält nach jedem Streit noch stärker daran fest. Ihre Beziehung habe schließlich auch ein bisschen von dieser Dramatik gelebt, gibt sie zu.

Tatsächlich bleiben viele Beziehungen zwischen all den Planungen rund um die Hochzeit auf der Strecke. Denn manchmal ist es genau diese stressige Zeit, die einem das wahre Gesicht des Partners offenbart.

So ergeht es auch Maike. Ihr Verlobter, so schreibt sie mir, sei vor dem Heiratsantrag der sanftmütigste und toleranteste Mann gewesen, den sie je getroffen habe. Als der Stress immer mehr wird, als sich plötzlich alles nur noch um die Hochzeit dreht, da bröckelt langsam die Fassade. Wochenlang toleriert sie seine abweisende und bestimmende Art. Bis er plötzlich anfängt, ihr Vorschriften zu machen.

»Auf einmal meinte er, mir sagen zu müssen, wie ich die Spülmaschine einzuräumen habe oder wie viele Blätter Klopapier ich benutzen darf«, erzählt sie.

Als Maike ihn darauf anspricht und ihn fragt, was denn mit ihm nur los sei, wird er laut und schreit sie an. Er ist so aufbrausend und wütend, dass Maike Angst bekommt. Plötzlich ist es keine belanglose Auseinandersetzung mehr, sondern ein Konflikt, der Züge annimmt, die Maike nicht tolerieren kann. Also beschließt sie nach langem Hin und Her, sich zu trennen, obwohl bereits alles geplant und organisiert ist und sie sich auf diesen Tag und auf ihr Brautkleid so sehr gefreut hat.

Eine Woche vor der standesamtlichen Trauung und zwei Wochen vor der kirchlichen Feier löst sie die Verlobung. Und bereut es nicht.

Natürlich kostet es sie jede Menge Mut und Kraft, alles abzusagen. Ständig muss sie sich erklären, ihre Entscheidung rechtfertigen. Viele nehmen ihren Verlobten in Schutz, erklären sein Verhalten mit der Anspannung und dem Hochzeitsstress. Doch Maike weiß, dass mehr dahintersteckt. Endlich zeigt ihr Verlobter sein wahres Gesicht. Sie ist froh darüber, sich noch rechtzeitig von ihm gelöst zu haben. Von einem Mann, in den sie sich so niemals hätte verlieben können.

Auch Charleen ist manchmal verwundert, wie Niels sich seit der Verlobung verändert hat. Aber sie will die Beziehung nicht aufgeben. Zumindest noch nicht. Sie hält trotz der immer häufiger werdenden Streitigkeiten an ihrer Liebe zu ihm fest. Um sich abzulenken und sich nach den Auseinandersetzungen wieder näherzukommen, unternehmen die beiden viel. Auch zusammen mit Charleens Eltern und ihrer Schwester. Schließlich gehört Niels zur Familie. Regelmäßig machen alle zusammen Ausflüge in einen Offroadpark, gehen ihrem Hobby, dem Quadfahren, nach.

An einem Wochenende im November jedoch muss Charleen sich ausklinken, da sie sich auf eine wichtige Prüfung vorbereiten muss. Niels soll ohne sie fahren, dafür mit ihrem Vater und ihrer Schwester. Kurz vor der Abfahrt kommt es zwischen den beiden erneut zum Streit. Wieder einmal fällt das Wort »Trennung«. Mitten im Streit verlässt Niels das Haus, Charleen lässt ihn gehen; denn trotz der Auseinandersetzung glaubt sie weiterhin an die Beziehung.

»Es hat sich einfach nicht nach Trennung angefühlt«, erzählt sie.

Stundenlang wartet sie auf eine Rückmeldung, ein Lebenszeichen, ein paar Worte ihres Verlobten. Doch Niels zieht sich zurück. Und Charleen beginnt zu realisieren, dass er das mit der Trennung ernstgemeint hat.

Charleen ist sich sicher: Sie will um Niels kämpfen. Schließlich wollen die beiden in fünf Monaten heiraten. Aber alle Versuche, Niels zurück in ihr Leben zu holen, scheitern. Die Beziehung ist längst zerbrochen.

Vor lauter Frust, Wut, Traurigkeit und Enttäuschung zieht Charleen zurück zu ihren Eltern. Es soll nur eine Übergangslösung sein. Denn sie hat die Hoffnung noch nicht aufgegeben. Charleen findet Halt in ihrer Familie. Vor allem ihre Schwester kümmert sich rührend um sie, versucht, ihr Mut zu machen, sie aufzubauen. Sie überzeugt Charleen davon, Niels Zeit zu geben, ihm zu vertrauen und ihm seinen Freiraum zu lassen. Und dann, eine Woche später, der Schock: Als Charleen von der Arbeit nach Hause kommt, liegt ein Brief auf dem Tisch. Von wem der wohl ist? Ganz vorsichtig und mit leicht zitternden Händen öffnet sie den Umschlag. Vielleicht eine Nachricht von Niels? Sie liest die ersten Zeilen. Der Brief ist von ihrer Schwester. Warum schreibt sie der Familie einen Brief? Nichtsahnend liest Charleen weiter, Wort für Wort – und genau in diesem Moment bricht ihre Welt zusammen.

»Ich habe mich in Niels verliebt. Und er sich in mich. Wir sind jetzt zusammen.«

Peng. Das sitzt. Schwarz auf weiß stehen diese Zeilen da

geschrieben. Charleen kann nicht glauben, was sie da gerade liest. Niels und ihre Schwester? Ihre beste Freundin hat ihr den Freund ausgespannt, weggenommen? Ihre Liebe zu dem Mann zerstört, den sie heiraten wollte? Charleen liest weiter.

»Ich weiß, dass unsere Familie so nicht existieren kann. Doch ich kann und will meine Gefühle zu Niels nicht aufgeben. Es tut mir leid, aber es ist besser, wenn wir erst einmal keinen Kontakt mehr haben.«

Ein erneuter Schlag ins Gesicht. Erst krallt sich ihre Schwester ihren Verlobten, und jetzt bricht sie auch noch den Kontakt zu ihrer Familie ab. Doch damit nicht genug. Charleen erfährt noch weitere schmerzhafte Details. Genau an dem Tag, an dem sie sich mit Niels gestritten hat, an dem Nachmittag, als er alleine mit ihrer Familie in den Offroadpark gefahren ist, da passierte es. Niels weint sich bei ihrer Schwester aus, erzählt ihr von dem Streit, von den immer öfter auftretenden Auseinandersetzungen. Charleens Schwester tröstet ihn, sie nimmt ihn in den Arm. Und nach nur einer Stunde landen beide miteinander im Bett.

Charleen starrt auf das Blatt Papier, auf dem die Worte ihrer Schwester geschrieben stehen. Warum hat sie das getan? Ausgerechnet ihre Schwester. Ihre Verbündete. Ihre engste Freundin. Ihre Vertraute in puncto Hochzeit und Brautkleid-Suche.

Charleen will das nicht so hinnehmen. Sie kann nicht akzeptieren, dass dies das Ende ihrer Liebe sein soll. Sie will Niels nicht kampflos ihrer Schwester überlassen. Sie will ihn zurück. Jetzt. Sofort. Sie muss etwas tun. Es kann doch nicht sein, dass er sie nicht mehr liebt? Warum tut er ihr das an? Warum macht er das? Warum verletzt er sie so? Warum?

Das alles ist zu viel für die junge Frau. Charleen kann nicht mehr. Vollkommen erschöpft bricht sie zusammen, kann sich kaum noch beruhigen. Ihre Eltern, die den Brief inzwischen ebenfalls gelesen haben, bekommen alles hautnah mit. Sie sehen, wie ihre Tochter leidet, und auch sie können Charleen nicht beruhigen. Also rufen sie den Notarzt, der ihr eine Beruhigungsspritze gibt. Erst danach kommt Charleen wieder zu sich, ist wieder ansprechbar.

Es dauert ein paar Wochen, bis Charleen ihre Kraft zurückgewinnt. Und als es ihr endlich besser geht, meldet sich Niels wieder bei ihr. Die beiden telefonieren. Niels beteuert, dass es ihm leidtut. Er verspricht, Charleens Schwester zu verlassen, wenn Charleen zu ihm zurückkehrt. Und auch, wenn Charleen weiß, dass es vielleicht nicht richtig sein mag, Niels sofort zu verzeihen, ist ihre Sehnsucht so stark, dass sie einfach nicht anders kann. Sie gibt ihm eine zweite Chance. Sie glaubt daran, dass alles wieder so werden kann wie früher. Wenn sich beide Mühe geben, dann wird das schon klappen. Oder?

Doch nach nur drei Tagen zerbricht jegliche Hoffnung auf ein Liebescomeback. Charleen spürt, dass sie Niels einfach nicht mehr vertrauen kann. Es geht nicht mehr. Sie kann und will diese Beziehung nicht künstlich aufrechterhalten. Charleen zieht die Notbremse. Niels' Verhalten hat ihre Liebe zerstört. Er hat Dinge gesagt, ohne sie wirklich zu meinen. Er hat gehandelt, ohne nachzudenken. Und dabei so viel kaputtgemacht, ohne es zu merken.

Charleen schaut Niels ein letztes Mal an. Sie guckt ihm in die Augen und spürt: Jetzt ist der richtige Zeitpunkt gekommen, um Niels endgültig den Rücken zuzukehren. Denn wenn sie ihm in die Augen schaut, kann sie nicht mehr zwischen Wahrheit und Lüge unterscheiden. Ihre Liebe ist erloschen, so sehr hat er sie verletzt und enttäuscht.

Charleen lässt Niels ziehen. Und Niels geht, wie soll es anders sein, zurück zu Charleens Schwester. Doch dieses Mal reißt Niels' Entschluss Charleen nicht den Boden unter den Füßen weg. Im Gegenteil: Sie reagiert gefasst, ja fast schon emotionslos. Sie weiß, wenn sie wieder glücklich sein will, dann muss sie all ihren Mut zusammennehmen und neue Wege gehen. Um das Erlebte zu verarbeiten und um endlich aus dem tiefen Tal der Traurigkeit wieder herauszukommen, sucht Charleen sich ein paar Monate nach der Trennung professionelle Hilfe. Sie macht eine Therapie, und ihre Psychologin findet eine Erklärung dafür, warum Charleens Schwester so gehandelt haben könnte.

»Sie hat zu mir gesagt, dass meine Schwester wohl sehr eifersüchtig auf mein Leben ist. Und dann nach dem Motto gehandelt hat: ›Ich nehme der Prinzessin den Prinzen weg und werde damit selbst zur Prinzessin‹.«

Für Charleen ist die Erklärung ihrer Therapeutin für das Verhalten ihrer Schwester einleuchtend. Und es hilft ihr, mit der Situation besser umzugehen. Und auch ihre Familie unterstützt sie auf ihrem Weg, so gut sie eben kann. Ihr Vater findet immer wieder aufbauende Worte für seine Tochter.

Ein Jahr nach der Trennung geht es für Charleen langsam wieder bergauf. Sie fasst neuen Lebensmut, kann endlich wieder nach vorne schauen. Und auch ihrer Schwester nähert sie sich langsam wieder an, auch wenn sie natürlich nicht so einfach vergessen kann, was passiert ist.

Eine Hinterlassenschaft aus der alten Zeit wartet allerdings noch auf Charleen. Eine Erinnerung an die gemeinsame Zeit mit Niels, ein Überbleibsel ihrer Hochzeitspläne, muss sie noch loswerden. Denn ihr Brautkleid hängt noch immer im Brautmoden-Laden. Bis zuletzt hatte Charleen gehofft, es nicht abholen zu müssen. Das Geschäft macht wie so häufig Druck und akzeptiert auch dieses Mal nicht, dass das Kleid, obwohl daran bislang keine Änderungen vorgenommen wurden, zurückgegeben werden kann.

Also nimmt Charleen all ihren Mut zusammen und holt das Kleid ab. Mit dem Kleidersack über dem Arm verlässt sie das Geschäft und beschließt genau in diesem Augenblick, ihr Traumkleid zu verkaufen. Vielleicht findet sich ja eine Frau, die sie mit ihrem Brautkleid glücklich machen kann, die darin den schönsten Tag ihres Lebens verbringt, mit einem Mann, der sie auf Händen trägt.

»Es fühlt sich einfach nicht richtig an, es zu behalten«, erzählt Charleen mir. »Ich verbinde damit eine Hochzeit, die zwar geplant war, aber leider gnadenlos gescheitert ist.«

Charleen inseriert ihr Kleid für gerade einmal sechshundert Euro. Sich von dem Kleid zu trennen bedeutet für Charleen nicht, sich auch von ihrem Traum zu verabschieden. Irgendwann, da ist sie sich sicher, wird sie genau die Hochzeit feiern, die sie sich so sehr gewünscht hat. Zwar wird das vermutlich nicht in den nächsten Jahren der Fall sein, und so wird sie auch nicht so jung heiraten wie ihre Großeltern, dennoch glaubt sie fest an ihren Traum. Irgendwann wird auch für sie der richtige Mann kommen. Einer, der sie schätzt und würdigt, dem sie blind vertrauen kann und der sie niemals hintergehen würde. Der ihr Halt gibt und immer für sie da ist.

Helen

Es ist noch früh am Morgen, als ich aus dem Bett schlüpfe und meinen Laptop hole. Ich schaue kurz auf den Wecker: 6:10 Uhr. Ich bin wach. Hellwach. Ich stehe auf, öffne das Fester, spüre die kühle, klare Luft auf meiner Haut. Es riecht nach Regen. Während mein Computer hochfährt, mache ich mir noch schnell einen Tee. Acht neue Nachrichten. Ich klicke mich durch die Zeilen. Dann halte ich kurz inne. Am liebsten würde ich in diesem Moment vor Freude an die Decke springen, doch ich bleibe liegen, denn mein Verlobter neben mir schläft noch. Also mache ich nur innerlich einen Freudentanz.

Die Nachricht ist von Helen. Eine neue Geschichte über ein weiteres ungetragenes Brautkleid. Jedes Mal, wenn ich eine Antwort auf meine Anfrage erhalte, freue ich mich wie eine Schneekönigin. Warum eigentlich? Irgendwie bin ich dann so voller Adrenalin, dass ich meist sofort alles stehen und liegen lasse, mich gedanklich aus meinem Alltag ausklinke, nur um kurz zu lesen, warum ein Kleid nicht getragen wurde.

Und die Geschichte, die mich an diesem Morgen erreicht, ist anders. Anders als alles, was ich bisher zu lesen bekommen habe. Denn Helen ist nicht die Braut, für die das Kleid – ein eleganter, trägerloser, bodenlanger Traum in Weiß, bestickt mit zarten Perlen, genäht aus Satin und Tüll – gedacht war. Sie ist die Brautmutter. Und ihre Zeilen berühren mich. Denn Helen sah ihre Tochter Melanie bereits in diesem einen Kleid zum Altar schreiten. Doch es kam anders.

Helen und Melanie haben ein besonders inniges Verhältnis. Sie fühlen sich eher wie Freundinnen verbunden denn als Mutter und Tochter. Wann immer Melanie ein offenes Ohr, eine Stütze braucht, ist Helen für sie da. Und umgekehrt. Die Familie steht an erster Stelle.

Und so ist für Helen auch schon früh klar: Wenn Melanie einmal heiratet, dann suchen die beiden gemeinsam das Brautkleid aus. Und wenn sie ein passendes Kleid gefunden haben, dann übernimmt Helen die Kosten dafür. Mit allem, was dazugehört. So wie ihre Mutter es ihr in ihrer Jugend versprochen hat. Und als Helen in den Achtzigerjahren heiratet, da macht ihre Mutter ihr Versprechen wahr, und Helen schwört sich, sollte sie mal eine Tochter bekommen, würde sie dieses Ritual genauso fortführen.

Mit Anfang zwanzig hat Melanie dann den passenden Partner gefunden, den Mann zum Heiraten. Und als er ihr, nach immerhin sechs Jahren Beziehung, einen Antrag macht, steigt auch bei Helen die Vorfreude. Sie erinnert sich sofort an ihre eigene Hochzeit und kann es kaum erwarten, als Melanie sie endlich fragt, wann sie denn gemeinsam nach Kleidern schauen wollen. Gemeinsam mit Melanies Oma, also Helens Mutter, und einigen ihrer Freundinnen machen die Frauen einen Termin im Brautmoden-Laden. Die Stimmung ist ausgelassen, ja fast schon überschwänglich.

Und dann ist es endlich so weit: Es ist Zeit für die Braut-kleid-Anprobe. Nach einer kurzen Begrüßung durch die Brautkleid-Beraterin und einem Gläschen Sekt zur Einstimmung steht eine erste Auswahl an Kleidern fest. Melanie probiert Kleid für Kleid, doch keines davon scheint das Richtige zu sein. Entweder sind sie zu schlicht, zu verspielt, zu sehr Prinzessin, unförmig geschnitten oder es stimmt einfach das Gefühl nicht. Irgendwie haben sich alle etwas anderes für Melanie vorgestellt. Und auch Melanie als Braut ist noch nicht zufrieden.

Erneut gehen sie gemeinsam auf die Suche – und entdecken in der hintersten Ecke des Ladens dieses eine, ganz besondere Kleid. Melanie verschwindet für einen weiteren Moment mit der Verkäuferin in der Umkleide. Als sich der Vorhang öffnet, erfüllt Stille den Raum. Alle starren auf Melanie, in Helens Augen sammeln sich erste Freudentränen. Da ist er, dieser magische Moment.

Ihre Tochter in diesem zarten, eleganten Brautkleid zu sehen, zu spüren, wie sehr es ihr gefällt, dass es ihr ein gutes Gefühl gibt, sei magisch gewesen, erinnert sich Helen. »Ja, es war wahrlich so ein Augenblick, den man eigentlich nur aus Filmen kennt. Für mich wurde dieser Moment Wirklichkeit. Ich war vollkommen gerührt.« Damit steht fest: Melanie wird in wenigen Monaten in genau diesem Brautkleid ihre große Liebe heiraten.

Es vergehen einige Wochen nach dem Termin im Brautmoden-Laden. Helen steht ihrer Tochter weiterhin mit Rat und Tat zur Seite, hilft ihr bei den Vorbereitungen, geht mit ihr sogar auf eine Hochzeitsmesse. Eigentlich haben die beiden bereits fast alles organisiert, nur ein paar letzte Details fehlen noch. Und so schlendern sie an diesem Samstag über die Messe, von Stand zu Stand, vorbei an dekorierten Tischen, einer großen Auswahl an Eheringen, einem Stand nur für Hochzeitsmusik. Beide schauen sich in Ruhe alles an.

In einer der hinteren Ecken der Messehalle ist eine große Bühne aufgebaut. Im Vorbeigehen sehen Helen und Melanie, wie Models über den Laufsteg schweben und die unterschiedlichsten Brautkleider präsentieren. Es sind schöne Kleider dabei, aber sie haben ja bereits ein Kleid für Melanie gefunden, also gehen sie weiter.

Auf einmal bleibt Melanie wie angewurzelt stehen. Ihr Blick fällt auf eine junge Frau, die mit einem Brautkleid an ihnen vorbeistolziert und irgendwann hinter der Bühne verschwindet. Helen fällt Melanies Blick sofort auf. Doch sie sagt nichts. Erst später wird ihr klar, welche Bedeutung dieser Moment für ihre Tochter gehabt haben muss.

Nach drei Stunden auf der Messe verlassen Helen und ihre Tochter die Halle. Den Kopf voller neuer Eindrücke. Die Taschen gefüllt mit Visitenkarten, Flyern und kleinen Goodies. Den gesamten Weg über den Parkplatz bis in die Tiefgarage schweigt Melanie. Beide hängen ihren Gedanken nach. Als sie dann endlich im Auto sitzen, platzt es aus Melanie heraus.

»Mama, hast du dieses Kleid gesehen, was die Frau bei der Modenschau hinter die Bühne getragen hat? Das war echt schön.« Helen nickt, wartet kurz ab. Melanie schaut aus dem Fenster, sagt aber nichts weiter. Also startet Helen das Auto und fährt los.

Wenige Tage später sitzen Helen und Melanie erneut zu-

123·

sammen. Bei Kaffee und Kuchen sprechen sie über die letzten Planungen für die Hochzeit. Die Stimmung ist entspannt, die Hochzeitsmesse und das Brautkleid scheinen längst vergessen. Dann passiert es auf einmal: Tränen laufen über Melanies Wangen. Sie fängt an zu weinen, kann sich kaum beruhigen.

Helen versteht nicht, was los ist. Ist es die Aufregung? Hat Melanie vielleicht doch Zweifel? Will sie vielleicht gar nicht heiraten? Hat sie sich etwas vorgemacht? Das kann sich Helen einfach nicht vorstellen. Sie beruhigt ihre Tochter. Und dann bricht es aus Melanie heraus, die Worte überschlagen sich. Helen kann kaum folgen. Ihre Tochter fängt immer wieder an zu weinen.

Melanie hat Zweifel. An ihrem Kleid. Dem Kleid, das sie gemeinsam mit ihrer Mutter, ihrer Oma und ihren Freundinnen ausgesucht hat. Das Kleid, das ihre Mutter ihr vor ein paar Wochen gekauft hat. Sie habe sich wohlgefühlt in dem Kleid. Aber ihr gehe das Kleid von der Messe nicht mehr aus dem Kopf, erzählt sie. Sie hätte nur noch dieses Kleid im Kopf. Dieses eine Kleid. Aber sie hätte Angst gehabt, ihrer Mutter das zu sagen. Da Helen ja bereits so viel Geld für das andere Kleid ausgegeben hat. Sie würde sich schlecht fühlen deswegen. Doch sie könne das andere Kleid einfach nicht vergessen.

Helen unterbricht ihre Tochter und nimmt sie in den Arm. Sie hält Melanie ganz fest, beruhigt sie. Ja, sie haben Geld ausgegeben, aber es sei doch nur ein Kleid, sagt Helen. Das sei kein Weltuntergang. Daran soll die Vorfreude auf Melanies großen Tag nicht scheitern. Gemeinsam würden sie eine Lösung finden.

Viele Bräute kaufen sich tatsächlich mehr als ein Brautkleid. Kurz vor der Hochzeit werden alle Pläne noch einmal über den Haufen geworfen, plötzlich passt irgendwie nichts mehr zusammen. Vielleicht liegt es auch daran, dass die Auswahl so riesig ist. Manchmal wissen die Bräute erst kurz vor der Hochzeit so richtig, was sie wollen. Nicht, weil sie sich vorher keine Gedanken darüber gemacht hätten. Im Gegenteil. Mit jedem Tag, den die Hochzeit näher rückt, erweitert sich der Erfahrungsbereich, das eigene Hochzeitswissen. Auf einmal kennt das Brautpaar die neuesten Trends, weiß, welche Dienstleister und Angebote es alles gibt. Mit jedem Brautmagazin, das gelesen wird, mit jedem Internetblog, der durchforstet wird, mit jeder Hochzeitsmesse, die besucht wird, steigen auch die eigenen Erwartungen. Plötzlich gibt es kein Halten mehr. Alles wird umgeworfen, neu geplant und organisiert. Und manchmal muss dann eben auch ein neues Brautkleid her, weil das andere plötzlich nicht mehr zu den eigenen Ideen, Wünschen und Vorstellungen passt.

So ist das bei Melanie. Und so ist es auch bei Lisa und ihrem Verlobten Björn. Bei diesem jungen Paar ist der Besuch einer Hochzeitsmesse ebenfalls der Auslöser dafür, dass sich die Braut kurzerhand umentscheidet und beschließt, noch ein weiteres Brautkleid zu kaufen. Dabei ist Lisa eigentlich mehr als glücklich mit ihrer Kleiderwahl. Doch als Lisa und Björn zusammen auf der Messe sind, passiert das, was wohl zu den schlimmsten Vorstellungen gehört, die eine Braut sich in solch einem Moment ausmalen kann.

Die Hochzeit der beiden ist so gut wie komplett durchgeplant, selbst ihr Brautkleid, ein Traum aus Tüll und Taft, mit ausgestelltem Rock und einer verspielten Korsage, hat Lisa schon anpassen lassen und abgeholt. Sie liebt ihr Kleid, und eigentlich ist sie sich sicher, die richtige Kaufentscheidung getroffen zu haben. Für ihre Hochzeit fehlen also nur noch ein paar letzte, kleine, feine Details. Das Paar stöbert zunächst ganz entspannt durch die Messehalle, sucht nach letzten Inspirationen. Und obwohl Lisa ihr Brautkleid längst gekauft hat, beschließen beide, sich etwas später die Präsentation der Brautmode auf der Bühne anzuschauen. Was Lisa da noch nicht ahnt: Dieser Entschluss wird ihre Planung noch einmal komplett umwerfen.

Denn nachdem die ersten Models bereits über den Catwalk gelaufen sind und die zweite Runde eingeläutet wird, traut Lisa ihren Augen nicht, als ein Model plötzlich genau ihr Kleid präsentiert. Das erste Kleid, in das sie sich vor Wochen bei der Anprobe im Brautmoden-Laden verliebt hat. Es ist ihr Traumkleid, genau das Kleid, in dem sie immer heiraten wollte.

Ihr Traum zerplatzt binnen weniger Sekunden, als sie von links neben sich die vertraute Stimme ihres Verlobten wahrnimmt. Seine Worte sind nicht an sie gerichtet, sondern gelten dem Kleid auf der Bühne. Ihrem Kleid.

»O Gott, das sieht ja schrecklich aus. Wie so ein kitschiges Sahne-Baiser«, sagt Björn, frei von der Leber weg.

Ihr Verlobter findet das Kleid, in das sich Lisa verguckt hat, schrecklich. »Schrecklich. Wie ein Sahne-Baiser«, wiederholt Lisa leise. Die Worte gehen ihr nicht mehr aus dem Kopf.

Hätte Björn in diesem Moment gewusst, dass Lisa sich genau dieses Kleid ausgesucht hat, hätte er sich seinen Kommentar womöglich verkniffen. Aber er weiß es eben nicht. Und so schafft er es mit diesen wenigen Worten, Lisas Hoffnungen, Wünsche und Träume, die sie in dieses Kleid projiziert hat, zunichtezumachen. Innerlich sackt Lisa zusammen. Doch äußerlich will sie sich nichts anmerken lassen.

Haben die beiden wirklich so unterschiedliche Vorstellungen? Hat sie damit so falsch gelegen, als sie dachte, Björn würde dieses Kleid gefallen? Und wenn ihr das Kleid doch so sehr gefällt, Björn es aber schrecklich findet, kann es dann sein, dass die beiden eigentlich als Paar gar nicht zusammenpassen?

Zwei Tage später, Lisa hat den ersten Schock halbwegs verdaut, ist sie fest entschlossen: Sie braucht ein neues Kleid. Also macht sie einen weiteren Termin im Brautmoden-Laden. Ihr Budget ist zwar eigentlich ausgeschöpft, und wenn sie ganz ehrlich zu sich selbst ist, will sie auch kein anderes Kleid, doch noch mehr bereitet ihr der Gedanke Kopfzerbrechen, dass sie Björn nicht gefallen könnte. Wenn sie darüber nachdenkt, kommt sofort ein Gefühl von Panik in ihr hoch, dann schlägt ihr Herz schneller und sie spürt die blanke Angst in sich aufsteigen.

Noch schlimmer wird dieses Gefühl, als sie wenig später im Brautmoden-Laden einfach kein zweites Kleid findet, das ihr so sehr gefällt wie das erste. Und dennoch: Sie will ein neues Kleid, da ist sie sich sicher.

Also vertraut sie dem Geschmack und der Auswahl der Verkäuferin und ihrer Freundin, die sie begleitet. Und wählt ein schlichtes, langes Kleid, ohne viel Schnickschnack, aus einem fließenden, leicht glänzenden Stoff, mit minimaler Perlenverzierung im Brustbereich.

»Wenn Björn das Kleid auf der Bühne nicht gefällt, dann wird er das hier mögen«, sagt sie, eher zu sich selbst.

Was Lisa in diesem Moment zu vergessen scheint: Sie kauft das Kleid zwar für ihre Hochzeit mit Björn, aber er heiratet sie ja nicht des Kleides wegen.

Diese Erkenntnis kommt Lisa erst am Tag ihrer Hochzeit. Als sie nach dem Getting Ready in ihr zweites, schlichtes Brautkleid schlüpft, steigen ihr Tränen in die Augen. Sie schaut sich im Spiegel an und vernimmt gerade noch die besorgten Worte ihrer Visagistin: »Nicht weinen, jetzt bloß nicht weinen«. Doch da ist es schon zu spät.

All die Anspannung, die Traurigkeit, die Enttäuschung und die Unsicherheit der letzten Wochen fließen in Tränenform aus ihr heraus. Lisa spürt: Dies ist nicht das richtige Kleid. Sie will nicht in diesem zweiten Kleid heiraten. Noch bevor sie ihre Gedanken ausgesprochen hat, betritt ihre Mutter den Raum. Ihre engste Vertraute. Lisa hatte gar nicht mitbekommen, dass sie nach nebenan gegangen war. Über ihrem Arm trägt sie den Kleidersack mit Lisas Traumkleid. Dem ersten Kleid. Das Kleid, in das sie sich sofort verliebt hatte.

Lisa zögert. Soll sie es wirklich wagen? Soll sie das Kleid wählen, das Björn »schrecklich« fand?

Auch wenn sie Angst davor hat, dass sie Björn in diesem Kleid nicht gefallen könnte, nimmt Lisa all ihren Mut zusammen. Denn genau so hatte sie sich ihre Hochzeit vorgestellt. Sie wollte schon immer heiraten, seit Kindheitstagen. Und zwar wie im Märchen. Okay, das Schloss, die Kutsche, die

Pferde – all das fehlt. Doch sie weiß, dieses Kleid würde ihr genau das Gefühl, die Sicherheit und den Halt geben, den sie heute, an ihrem großen Tag, so dringend braucht. Als Lisa wenig später in ihrem Kleid zum Altar schreitet, ist sie nervös. Mehr als zuvor erwartet. Wird er das Kleid erkennen? Wird sie ihm gefallen? Als Lisa den Raum betritt und sich Björns und ihr Blick zum ersten Mal treffen, da weiß sie, dass sie die richtige Entscheidung getroffen hat. Denn sein Lächeln und der Glanz in seinen Augen und die kleinen, heimlichen Freudentränen sprechen Bände.

»Du siehst umwerfend aus«, sagt er zu ihr.

Bei der Suche nach dem perfekten Kleid auf ihr Herz zu hören ist genau das, was auch Helens Tochter Melanie gemacht hat. Zwar fällt es ihr nicht leicht, ihrer Mutter zu gestehen, dass sie sich ein anderes Kleid wünscht, doch nachdem sie sich Helen anvertraut hat, geht es ihr endlich besser.

Und Helen hält ihr Wort. Sie macht sich auf die Suche nach dem Kleid, das beide nur einen kurzen Moment – im Vorbeigehen – auf der Hochzeitsmesse gesehen haben. Sie telefoniert mit den Veranstaltern der Messe, ruft die Dienstleister und Brautkleid-Verkäufer nacheinander an. Und nach einigen Tagen wird sie tatsächlich fündig.

Sie vereinbart einen Termin in dem Brautmoden-Laden, der genau dieses Kleid verkauft. Ob sie das Kleid tatsächlich kaufen werden, weiß Helen nicht. Insgeheim hofft sie, dass Melanie das Kleid beim Anprobieren vielleicht gar nicht so schön findet, sich darin nicht gefällt. Damit wäre dann das Problem der Ungewissheit gelöst, sie müssten kein neues Kleid kaufen, nicht erneut Geld ausgeben, und ihre Tochter könnte wieder nach vorne schauen. Als die beiden den Brautmoden-Laden betreten, spürt Helen bereits, dass ihr Plan nicht aufgehen wird.

»Melanies Blick, als sie das Kleid gesehen und dann auch angezogen hat, sprach Bände«, erinnert sich Helen. »Ich kenne meine Tochter.«

Und so ist es: Melanie verlässt die Umkleide mit einem Strahlen im Gesicht, das keine Zweifel zulässt. Das ist ihr Kleid. Kein trägerloser Traum aus Tüll und Satin. Keine Perlen. Dafür eine romantische Wirklichkeit aus Spitze. Mit langen Armen und einem tiefen Rückenausschnitt. In diesem Moment ist auch Helen überzeugt.

»Ich wollte einfach, dass meine Tochter glücklich ist und einen wunderschönen Hochzeitstag hat. Und als ich sie in dem Kleid gesehen habe, in ihrem Kleid, da wusste ich, dass wir alles richtig gemacht haben.«

Denn Helen ist – wie sie selbst sagt – vor allem dann glücklich, wenn ihre Kinder glücklich sind. Und das ist Melanie. Glücklich. Wunschlos glücklich. Also zögert Helen nicht und kauft ihrer Tochter ihr wahres Traumkleid.

Ja, ich will ... dieses Kleid

Ich erinnere mich an die Reaktion meiner Mutter, als ich ihr von meinem Heiratsantrag und den Plänen für unsere Hochzeit erzählt habe. Natürlich sprechen wir in einem der ersten Telefonate nach der Verlobung auch über mein Brautkleid. Obwohl es noch nicht einmal einen konkreten Hochzeitstermin gibt und ich mich irgendwie auch noch nicht bereit fühle, dieses Thema jetzt schon anzugehen. Doch insgeheim wünsche ich mir wohl, dass meine Mutter genau wie Helen reagiert. Voller Neugier, Euphorie und Vorfreude. Doch das tut sie nicht. Im Gegenteil.

»Aber du willst ja wohl nicht in Weiß heiraten, oder? Das ist doch langweilig. Das macht jede«, höre ich sie sagen.

Das ist ihre einzige Reaktion. Keine Einladung zum gemeinsamen Kleidergucken, keine Frage nach meinen Vorstellungen, kein Ausbruch von Vorfreude oder Rührung. Für einen kurzen Moment bin ich enttäuscht.

Aber was habe ich erwartet? Meine Mutter hat mir schließlich niemals versprochen, mir irgendwann einmal mein Brautkleid zu kaufen oder mich zum Brautkleid-Kauf zu begleiten. Ehrlich gesagt, war das nie ein Thema.

Wenn es um das Thema Heiraten geht, sind meine Eltern vielleicht eher Pragmatiker. Meine Mutter hat schon früh ihr

Brautkleid verkauft, oder hat sie es verschenkt? Ich kann mich nicht mehr genau daran erinnern. Aber wie dem auch sei, so richtig romantisch wurde es bei uns zu Hause nie. Es gab keine großen Liebeserklärungen meiner Eltern füreinander, nur selten Blumen oder kleine Geschenke oder irgendwelche besonderen Momente, in denen ich ihre gegenseitige Liebe gespürt hätte. Und irgendwann folgte dann eben auch die Scheidung. Kein Wunder also, dass meine Mutter etwas – sagen wir mal – unromantisch reagiert, als ich mit ihr über meine Hochzeit und das Brautkleid spreche.

Natürlich wünscht sie sich für mich, ihre jüngste Tochter, eine wundervolle Hochzeit in einem zauberhaften Kleid. Das weiß ich.

Doch die Worte meiner Mutter scheinen sich in meinem Bewusstsein verankert zu haben. Ich entscheide mich gegen ein Brautkleid aus einem klassischen Brautmoden-Laden und für ein Kleid, das anders ist. Denn mein Kleid soll etwas Besonderes sein.

Ein einziges Mal bin ich während der Hochzeitsvorbereitungen mit einer Freundin unterwegs. Wir sind genau wie Helen und ihre Tochter zusammen auf einer Hochzeitsmesse. Doch nicht meinetwegen, sondern auf Wunsch meiner Freundin, die kurz nach mir einen Heiratsantrag von ihrem Lieblingsmenschen bekommen hat. Die Messe trägt den Namen »Hochzeitswelt«. Und nachdem wir die Tagestickets gekauft und den Eingang passiert haben, erwartet uns in der Halle der pure Hochzeitswahnsinn.

Dicht aneinander reihen sich unzählige Stände. Die Besucher, vornehmlich Frauen, laufen wie aufgescheuchte Hühner von A nach B. Im hinteren Bereich gibt es eine große Bühne, auf der später Brautkleider präsentiert werden sollen. Darauf weist zumindest ein großes Schild hin. Genau wie Helen es beschrieben hat. Ich muss lachen. Dabei war sie auf einer anderen Messe in einer anderen Stadt, aber wahrscheinlich ist der Aufbau immer derselbe.

Auf einem Zeitplan, den die Besucher im Vorfeld ausgehändigt bekommen, wird auf jeden einzelnen Dienstleister hingewiesen. Damit die vielen Hochzeitswahnsinnigen auch bloß kein Highlight verpassen. Ich blättere durch den Flyer, überfliege die Zeilen und entdecke, dass es nach der Brautkleid-Präsentation auch noch eine Vorstellung der örtlichen Tanzschule geben soll. Meine Freundin und ihr Verlobter üben bereits seit Wochen für ihren Hochzeitstanz. Sie ist also Feuer und Flamme, sich den Auftritt später auf der Bühne anzuschauen.

Ich hingegen bin nach dem Blick auf den Zeitplan und das Angebot kurz davor, die Messe schnellstmöglich wieder zu verlassen. So ein Hochzeitstanz ist genau das, was ich auf gar keinen Fall will. Zum Glück sieht Jonas das genauso. Bei unserer Hochzeit wird es also keine Tanzeinlage geben.

Vielleicht ist meine Abneigung für diese Art des Tanzens darin begründet, dass ich bereits als Jugendliche in der Disco zu oft darauf angesprochen wurde, dass ich außer Takt tanze und kein Rhythmusgefühl habe. Und ich kann nicht mal behaupten, dass sich die Leute das ausgedacht hätten. Im Gegenteil: Meinen Körper im Takt zu bewegen beherrsche ich mindestens genauso gut wie das Singen. Nämlich gar nicht.

Als ich in der siebten Klasse war, hatten wir mit unserem

Musikkurs einen Auftritt in der Kirche unseres Dorfes. Da ich zu diesem Zeitpunkt etwas kleiner war als die anderen Schüler, stand ich bei dem Auftritt in der ersten Reihe. Und eigentlich war ich bis zu diesem Zeitpunkt immer ein großer Fan von unserem Musiklehrer. Okay, das lag vielleicht in erster Linie daran, dass er einen supersüßen Sohn hatte, in den ungefähr jedes Mädchen aus der Klasse verliebt war. Aber auf jeden Fall sangen wir gerade das erste Lied, das wir wochenlang im Unterricht geübt hatten. Und während ich lautstark vor mich hin trällere, sehe ich, wie mein Lehrer wild um sich fuchtelt und mir Handzeichen gibt. Erst bin ich der Meinung, dass er uns als Chor so dirigiert, doch dann, als das Lied zu Ende ist und die Gemeinde wieder irgendwelchen Zwischenreden lauscht, kommt mein Lehrer auf mich zu.

»Hannah, es wäre vielleicht besser, wenn du nur die Lippen bewegst und nicht singst. Man hört dich leider zu sehr raus.«

Okay. Das sitzt – und erklärt vielleicht auch, warum meine Schwester, die eine absolut begnadete Sängerin ist, immer das halbe Haus zusammengeschrien hat, wenn ich zu Hause angefangen habe zu singen. »Hör auf, du singst scheiße«, war einer ihrer Lieblingssätze.

Meiner Freundin zuliebe schaue ich mir den Auftritt der Tanzschule aber trotzdem an. Bis es so weit ist, haben wir zum Glück noch etwas Zeit, um die anderen Stände zu begutachten. Und während meine Freundin aufgeregt von Stand zu Stand läuft, ich immer hinterher, reagiere ich auf die immer wiederkehrende Frage, ob ich etwas Bestimmtes suchen würde, mit den Worten: »Meine Freundin heiratet. Wir schauen heute erst einmal nur für sie.«

Damit bin ich die zum Teil etwas aufdringlichen Verkäufer los und kann mich erst einmal an diesen ganzen Trubel, an das viele Glitzer, die aufgeregte Stimmung, die kichernden Mädelsgruppen und den vielen Gratis-Sekt gewöhnen.

Der nächste Stand, den meine Freundin sich vorgenommen hat und an dem auch ich nun einen Zwischenstopp einlegen muss, ist der einer Hochzeitssängerin.

Voller Vorfreude schlägt meine Freundin der jungen blonden, kurzhaarigen Frau den Hochzeitsklassiker, den Song schlechthin, »Marry me« von Bruno Mars, vor. Als sie die ersten Töne anstimmt, sie begleitet sich selbst dabei auf dem Klavier, bekomme ich plötzlich Gänsehaut und Tränen schießen mir in die Augen. O Gott, was passiert hier? Etwas hektisch drehe ich mich leicht zur Seite. Ich bin überrascht und erstaunt zugleich. Ganz plötzlich fühle ich mich wie ein Teenie vor dem ersten Date. Auf einmal verspüre ich ein Kribbeln, so eine aufgeregte Vorfreude, ein Glücksgefühl. Und diese Gefühle, die mich da auf einmal überkommen, kenne ich nur zu gut. Da ist sie, die romantisch-verträumte Hannah vom Land. Willkommen zurück! Doch irgendwie fühle ich mich nicht so richtig bereit für mein zweites, romantisches Ich. Irgendwie macht es mir Angst, diese Gefühle, die mich in diesem Moment überkommen, zu akzeptieren. Schnell gehe ich ein paar Schritte zur Seite und starre auf die Bühne, auf der sich gerade die ersten Tanzkurz-Pärchen aufstellen.

Während meine Freundin hingegen weiter den sanften Klängen und der Stimme der Hochzeitssängerin lauscht, realisiere ich zum ersten Mal ganz deutlich, dass ich nun verlobt bin, dass ich bald heiraten werde.

Natürlich war die Hochzeit in den letzten Wochen auch immer wieder Thema, Jonas und ich mussten schließlich erste Entscheidungen treffen, ein Datum festlegen und eine Location finden. Doch alle anderen Momente, die zur Hochzeitsvorbereitung dazugehören, habe ich irgendwie immer weggeschoben. Meist habe ich das mit den Worten »das hat noch Zeit« mir selbst und meinem Verlobten gegenüber gerechtfertigt. Insgeheim, das spüre ich in diesem Augenblick auf der Messe ganz deutlich, hatte ich vielleicht einfach nur Angst davor, was auf mich zukommen würde. Davor, meine Gefühle zuzulassen.

Irgendwann, vermutlich sind nur ein paar Minuten vergangen, vernehme ich, dass die Sängerin aufgehört hat zu singen. Ich drehe mich um. Meine Freundin steckt gerade einen Flyer mit dem musikalischen Angebot der jungen Frau in ihre Tasche und kommt dann auf mich zu. Gemeinsam laufen wir weiter.

Nach drei Stunden »Hochzeitswelt« verlassen wir die Messehalle, bepackt mit Tüten voller Visitenkarten, Katalogen und Rabattkärtchen. Ich bin müde und erschöpft und glücklich zugleich. Zum einen darüber, dass meine Mutter mir bereits mein Lieblingsessen gekocht hat, als ich nach Hause komme, und zum anderen, dass ich ein Stück weit meine Gefühle zulassen konnte.

Und so wird die Hochzeitsmesse für mich zum Startschuss. Endlich wage ich es, mit den Hochzeitsvorbereitungen zu beginnen. Ich erzähle immer mehr Leuten davon, dass ich verlobt bin und bald heiraten werde. Und das fühlt sich verdammt gut an. Bereits auf dem Weg zurück nach Köln gehe ich die nächsten Schritte auf meiner To-do-Liste für die Hochzeit durch. Denn es steht das nächste wichtige Projekt an, zu dem ich nun endlich bereit bin: die Mission Brautkleid.

Wenige Tage nachdem ich mich im Internet in ein Brautkleid verliebt und es gleich zusammen mit ein paar Alternativen bestellt habe, kommt das Paket mit den ausgesuchten Brautkleidern an. So unromantisch meine Suche nach dem Brautkleid auch gewesen sein mag, den Moment der Anprobe zelebriere und genieße ich in vollen Zügen.

Okay, ich bin auch etwas angespannt, eigentlich sogar richtig nervös. Ich bin fast so nervös wie an dem Tag, als ich meinen Heiratsantrag bekommen habe. Gespannt lege ich die vier Kleider nebeneinander aufs Bett und beschließe, mein Traumkleid als Letztes anzuprobieren. Die Angst vor der Enttäuschung, sollte es nicht passen, ist in diesem Augenblick einfach zu groß.

Bei der Anprobe der übrigen Kleider stelle ich fest: Ich bin scheinbar nicht für die figurbetonten Schnitte gemacht. Entweder passen die Kleider oben herum, sind dafür aber an der Hüfte zu eng, oder umgekehrt. Und abgesehen davon, dass die Kleider nicht richtig sitzen, fühlen sie sich auf der Haut auch nicht sehr angenehm an. Einige der Stoffe kratzen so extrem, dass ich keine weitere Minute darin aushalten würde, geschweige denn einen ganzen Hochzeitstag.

So eine klassische A-Linie, also ein Kleid, das oben eng sitzt und nach unten hin weiter wird, ist dann wohl eher etwas für mich. Gut, dass mein Traumkleid genau so geschnitten ist.

Und dann ist der Moment gekommen. Das Kleid mit der süßen Blümchen-Häkelspitze ist das letzte Kleid, das ich anprobieren werde, und ich hoffe, dass ich es nicht zurückschicken muss. Vielleicht passiert ja ein Wunder. Vielleicht passe ich ja ausnahmsweise dieses eine Mal in eine Größe S.

Ich schlüpfe in das Kleid und schließe vorsichtig den Reißverschluss am Rücken. Ich betrachte mich im Spiegel. Wow. Es passt! Es ist tatsächlich nicht zu eng, ich bekomme ausreichend Luft und kann atmen. Das ist mein Kleid. Das ist wirklich mein Kleid! Und wie wunderschön es aussieht. Ich liebe dieses Kleid. Ahh. Ohh. Wow. Ui. Hui. Ohh. Ahh. Wow.

Nach dem ersten Euphorieschub und einem kleinen, vorsichtigen Tänzchen durch das Schlafzimmer – ich will schließlich nichts kaputtmachen –, schaue ich dann noch einmal genauer hin.

Na gut, muss ich mir eingestehen, so hundertprozentig perfekt sitzt das Kleid nicht. Aber welches Brautkleid tut das schon? Am Reißverschluss an der Rückseite schlägt das Kleid ein paar Falten, und es rafft sich beim Gehen etwas hoch.

»Notfalls bringe ich es zur Schneiderin«, sage ich zu mir selbst, während ich mich weiter im Spiegel beobachte. »Das ist bestimmt nur schlecht zusammengenäht«, mache ich mir Mut. Ansonsten passt es. Und wie es passt. Es ist einfach wunderschön.

Ich bin entzückt von diesem Kleid. Das ist es. Für mich gibt es nun kein Zurück mehr. Dieses Kleid wird mein Brautkleid. Ich mache noch schnell ein Foto mit meinem Handy, falls mich mal eine meiner Freundinnen spontan danach fragen sollte, wie mein Brautkleid eigentlich aussieht. Ich habe einfach das Gefühl, meine Freude teilen zu müssen. Doch es ist niemand hier. Außer Jonas.

Ich zögere kurz, dann treffe ich eine Entscheidung, die wohl die meisten für total unromantisch und unangebracht halten würden. Ich öffne vorsichtig die Schlafzimmertür und verlasse schleichend das Zimmer.

Mein Verlobter befindet sich nur ein paar Schritte entfernt in seinem Arbeitszimmer. Ich schaue vorsichtig um die Ecke und sehe, dass er vor seinem Laptop sitzt. Ich zögere kurz und überlege, ob ich ihm das Kleid wirklich zeigen soll. Doch dann merke ich, wie sich meine Beine, meine Füße langsam bewegen. Und in dem Moment, in dem ich den Raum betrete, schaut Jonas sofort von seinem Laptop hoch. Er guckt mich an, und nach einem Moment der Verwunderung, so wirkt es zumindest, strahlt er.

»Wow«, ist das einzige Wort, das in diesem Moment über seine Lippen kommt.

Und das reicht mir als Bestätigung. Ja, er hätte sogar kein besseres Wort für diesen Augenblick finden können.

Und obwohl Jonas in Jogginghose und T-Shirt da vor seinem Computer sitzt, ich ungeschminkt bin und meine Haare nicht gemacht sind, und außer dem Kleid eigentlich nichts feierlich ist, ist dieser Moment magisch. Einfach unbeschreiblich schön.

Kerstin

Ich drehe durch. Langsam, aber sicher. Seit der Hochzeitsmesse dreht sich in meinem Leben auf einmal alles nur noch
um DAS Thema. Von morgens bis abends beschäftige ich
mich mit meiner Hochzeit. Ich plane und organisiere, kreiere
neue Ideen und verwerfe sie im selben Moment wieder, buche
einen Dienstleister nach dem anderen, kaufe Deko und irgendwelchen Schnickschnack, der im entferntesten Sinne
etwas mit der Hochzeit zu tun hat. Ich durchforste einen
Onlineshop nach dem anderen, suche inzwischen mehrmals
täglich in den vielen Brautgruppen bei Facebook nach neuen
Inspirationen, kaufe ehemaligen Bräuten ihre gebrauchte
Deko ab, um dann festzustellen, dass sie nicht zu unserer
Hochzeit passt, um sie dann also wieder zu verkaufen.

Hatte ich jemals andere Hobbies? Habe ich jemals etwas
anderes gemacht, außer meine eigene Hochzeit zu planen?
Was habe ich nur vorher mit all der freien Zeit angefangen?
Was habe ich bloß getan, als ich noch keine Hochzeit zu organisieren hatte?

Kerstin, eine junge Frau Anfang dreißig, hat im Gegensatz zu
mir nur wenige Wochen vor ihrer Hochzeit ganz andere Sorgen. Echte Sorgen. Denn so kurz vor ihrem großen Tag steht

sie immer noch ohne Brautkleid da. Mit jedem Tag, den ihre Hochzeit näher rückt, schwindet ihre Hoffnung, ihren großen Tag in ihrem persönlichen Traum in Weiß zu verbringen.

»Ich war so unglücklich und hätte am liebsten alles abgesagt«, erzählt mir Kerstin bei unserem ersten Telefonat. »Immer mehr Gäste haben mich angerufen und gesagt: Hey, wir haben jetzt endlich unser Outfit für eure Hochzeit. Und ich spürte dann für einen kurzen Moment leichte Panik und dachte, ja, klasse, ich bin eine der Hauptpersonen und ich habe leider noch kein Outfit für unsere Hochzeit.«

Der Grund dafür, dass Kerstin immer noch kein Kleid hat, liegt nicht daran, dass sie zu wählerisch ist oder nicht über das nötige Budget verfügt. Nein, es liegt an einem Trauma, das sie seit ihrer Kindheit in sich trägt.

Kerstin und ihr Verlobter Marius lernen sich Anfang der 2000er Jahre über das Internet kennen. Nicht wie heute üblich, über ein Dating-Portal, sondern über einen Online-Chat. Damals trennen die beiden rund vierhundert Kilometer, dennoch vertiefen sich ihre Gespräche, und über die Distanz entsteht so etwas wie eine zarte Liebelei.

»Wir haben damals beide gar nicht an eine Beziehung gedacht, wir haben am Anfang meist nur E-Mails geschrieben und telefoniert. Als wir uns dann irgendwann einmal getroffen haben, hat sich daraus mehr entwickelt.«

Nach ein paar Jahren beginnen beide ein Studium in Köln. Kerstin studiert Kommunikationsdesign und Marius Wirtschaftsinformatik. Die Liebe wächst und wächst und wächst.

Und nach dem Studium geht dann alles ganz schnell: Das Paar macht sich gemeinsam selbständig. Beide ziehen zusammen von Köln nach Koblenz und bauen sich ein Haus. Auch das Thema Hochzeit steht auf einmal im Raum.

»Ich habe immer gesagt, ich will mit dreißig Jahren schon verheiratet sein«, gesteht mir Kerstin. Ihr Plan geht aber nicht auf. Denn die junge Liebe wird von einem Schicksalsschlag überrollt. Marius erkrankt an der Autoimmunerkrankung Hashimoto. Diese chronisch verlaufende Entzündung der Schilddrüse, die zwangsläufig zu einer Schilddrüsenunterfunktion führt, bestimmt gleich mehrere Jahre den Alltag des Paares. Doch egal, wie schlecht es Marius geht, egal, wie groß die Verzweiflung zeitweise auch ist, weil zunächst kein Arzt weiß, welche Krankheit Marius hat, und weil die beiden hilflos zusehen müssen, wie er immer weiter abbaut –, die beiden halten zusammen. Kerstin unterstützt ihre große Liebe, wo sie nur kann, und Marius versucht, optimistisch zu bleiben.

Und das ist es auch, was Kerstin am meisten an ihm liebt: »Sätze wie ›Das schaffen wir nicht‹ oder ›Das geht nicht‹ würde man niemals von ihm hören. Im Gegenteil: Marius findet immer einen Weg, verrennt sich dabei nie und hat sein Ziel stets klar vor Augen. Genau das bewundere ich so an ihm.«

Marius verliert in dieser Zeit eine Menge an Gewicht, insgesamt fünfundzwanzig Kilogramm, und er muss mehrfach ins Krankenhaus. Es gibt sogar Zeiten, da fällt es ihm schon schwer, von der Küche ins Wohnzimmer zu gehen. Für Kerstin sind diese Tage kaum auszuhalten.

»Ich hatte manchmal richtig Angst, dass er am nächsten Morgen nicht wieder aufwachen könnte.« Bis das Paar die richtige Diagnose bekommt und die darauf abgestimmte Behandlung anschlägt, dauert es. Und obwohl es sich beide sehnlichst wünschen, müssen sie ihre gemeinsamen Träume und ihre Zukunftspläne in dieser Zeit hinten anstellen. Denn an so etwas wie eine Hochzeit oder Nachwuchs ist zunächst aufgrund der Erkrankung einfach nicht zu denken.

Es dauert eine Weile – inzwischen hat Kerstin ihren dreißigsten Geburtstag längst gefeiert –, bis beide beschließen, endlich den nächsten Schritt zu wagen. Und obwohl es keinen offiziellen Heiratsantrag, kein öffentliches Um-die-Hand-Anhalten und kein Auf-die-Knie-Gehen im Kerzenlicht gibt, ist für Kerstin der Augenblick abends auf dem Sofa perfekt, so wie er ist. So ein pompöser Heiratsantrag mit viel Aufwand, Klimbim und Schnickschnack hätte wahrscheinlich gar nicht zu ihnen gepasst.

Und kaum haben beide den Entschluss gefasst, sich ganz offiziell das Jawort zu geben, da ist Kerstin auch schon mittendrin, in diesem typischen Hochzeitsvorbereitungsrausch. Nachdem das Paar die passende Location gefunden, den Termin für die Hochzeit festgelegt, den groben Zeitplan bestimmt, die ersten Höhepunkte organisiert und die wichtigsten Dienstleister gebucht hat, kann es endlich ins Detail gehen. Der nächste Punkt auf der Agenda: ein Brautkleid für Kerstin.

»Für mich war klar, ich möchte auf jeden Fall ein richtiges Brautkleid haben, auch, wenn wir nicht kirchlich heiraten werden«, erzählt Kerstin, und ich spüre, wie sehr sie sich auf diesen Teil der Vorbereitungen gefreut hatte.

Kerstin sammelt vor ihrem Besuch im Brautmoden-Laden fleißig Ideen, sie lässt sich inspirieren, liest Brautmagazine, durchforstet das Internet. Schnell entwickelt sie eine Vorstellung davon, wie ihr Brautkleid aussehen soll. Kerstin möchte kein Prinzessinnen-Kleid, sondern eher ein schlichtes Dress, vielleicht mit etwas Spitze verziert. Dann erst macht sie einen Termin im Braut-Laden. Und zu ihrer ersten Anprobe kommen nicht nur ihre Mutter und Schwester mit, sondern auch ihr Verlobter.

»Viele finden das ungewöhnlich, schließlich soll der Bräutigam seine Braut ja vorher nicht sehen, aber für uns war es nach der ganzen Krankheitsgeschichte, die wir durchgemacht haben, einfach wichtig. Es ist nicht selbstverständlich, dass Marius überhaupt noch da ist. Und er hat sich dann auch noch mehr gefreut, mich in einem Kleid zu sehen.«

Als Kerstin mir das erzählt, fühle ich mich unweigerlich mit ihr verbunden. Genau wie für sie war es auch für mich nach einem kurzen Moment des Zögerns wichtig, dass mein Verlobter mein Brautkleid im Vorfeld zu Gesicht bekommt. Denn den Partner dabeizuhaben gibt einem Sicherheit und schafft Vertrauen. Und wer kennt die Braut besser als ihr Bräutigam? Denn gerade für Bräute, die vielleicht etwas unsicherer sind und nicht so gerne im Vordergrund stehen, die diesen großen Auftritt etwas scheuen, den so eine Hochzeit und das Tragen eines Brautkleides zwangsläufig mit sich bringen, kann es eine Erleichterung sein, die Unterstützung ihres Liebsten, ihres wichtigsten Vertrauten, bereits beim Brautkleid-Kauf zu spüren.

Die Suche nach dem perfekten Kleid gestaltet sich für Kerstin dann allerdings schwieriger als gedacht.

»Ich wollte eigentlich ein Spitzenkleid, doch die fangen erst bei eintausend Euro an. Und ich hatte mir fünfhundert Euro als Grenze gesetzt, für das Kleid, das ich eh nur einmal anziehen werde. Dafür wollte ich nicht so viel Geld ausgeben.«

Hinzu kommt auch noch, dass Kerstin mit Größe zweiunddreißig/vierunddreißig keine Standardgröße hat.

»Viele Kleider sahen an mir aus wie ein Nachthemd oder ich sah aus wie ein Kind bei der Einschulung«, sagt Kerstin und schmunzelt. Oder die Kleider waren viel zu schwer, also für Kerstin kaum tragbar.

»Es ist einfach ein riesiger Unterschied, ein Kleid im Katalog oder auf dem Bügel zu sehen, und dann an sich selbst.«

Irgendwann findet sie ein Kleid, das zwar so gar nicht ihren Vorstellungen entspricht, in dem sie jedoch »erwachsen« genug wirkt. Das Kleid ist noch viel zu groß und wird für den Moment mit Klammern enger gesteckt. Es muss erst noch in der richtigen Größe bestellt werden, aber das erste Gefühl überzeugt. Das bodenlange Brautkleid in der Farbe Ivory, das Korsagenkleid in Wickeloptik, das oben herum mit kleinen Perlen verziert ist, gibt Kerstin ein gutes Gefühl. Und auch ihre Liebsten sind sofort begeistert.

Als Kerstin in dem Kleid vor den Spiegel tritt, sich also das erste Mal darin bewegt, passiert etwas, das alle überrascht. Während sie ihr Spiegelbild betrachtet, wird ihr auf einmal schwindelig. Binnen weniger Sekunden bricht ihr Kreislauf zusammen, und Kerstin spürt, dass sie sich sofort hinsetzen muss. Die Verkäuferin und auch Kerstins Begleitpersonen versuchen, die junge Frau zu beruhigen.

»Das ist bestimmt der Stress, die Aufregung«, sagen sie zu ihr.

Kann das wirklich sein? Eigentlich fühlt sich Kerstin entspannt und so überhaupt nicht gestresst. Ihr will einfach keine bessere Begründung einfallen. Und so gibt sie sich in diesem Moment mit dieser Erklärung zufrieden.

»Ich habe das Kleid dann ausgezogen, und ab da ging es mir auch wieder richtig prima. Wir haben dann noch eben die Formalitäten für den Kauf abgewickelt und einen Termin ausgemacht für die nächste Anprobe.«

Diese soll wenige Wochen später stattfinden. Und dann auch mit dem Kleid in der richtigen Größe.

In der Zwischenzeit kümmert sich Kerstin um weitere Punkte auf ihrer Hochzeitsliste und verzeichnet kleinere Erfolge in Sachen Brautstyling. So findet sie die passenden Schuhe für ihr Kleid, mit kleinem Absatz, aber nicht zu hoch, und läuft diese direkt bei jeder Gelegenheit zu Hause ein. Die Schuhe passen perfekt, Kerstin braucht nicht mal Einlegesohlen.

Zum zweiten Termin im Brautmoden-Laden, zur zweiten Anprobe ihres Kleides, nimmt Kerstin die Schuhe dann gleich einmal mit. So kann die Länge des Kleides angepasst werden; das zumindest ist ihr Plan.

Doch dann passiert erneut etwas, mit dem wohl niemand gerechnet hatte. Kerstin zieht ihr Kleid zusammen mit den neuen Schuhen an, und auf einmal passen die Schuhe nicht mehr.

»Wenn ich es selbst nicht erlebt hätte, würde ich es nicht glauben, weil es einfach zu verrückt klingt«, erzählt sie. »Ich hatte zunächst nur die Schuhe an, und sie passten, genau wie zu Hause auch. Dann habe ich das Kleid dazu angezogen und als ich zum Spiegel gehen wollte, merkte ich bereits bei den ersten Schritten, dass mir die Schuhe auf einmal zu groß waren. Ich musste mich regelrecht darin festkrallen, um sie nicht zu verlieren.«

Kerstin schiebt ihr komisches Gefühl erneut auf die Aufregung, obwohl sie auch dieses Mal eigentlich nicht nervös ist. Sie drängt den Gedanken an die Schuhe, an das merkwürdige Bauchgefühl weg und betrachtet sich stattdessen in ihrem Brautkleid im Spiegel. Und in diesem Moment, als Kerstin sich zum ersten Mal selbst sieht, überkommt sie ein Glücksgefühl, auf das sie bisher immer gewartet hatte.

»Wow. Schön«, sagt Kerstin, eher zu sich selbst.

Und auf einmal fallen die Anspannung und Aufregung der letzten Wochen von ihr ab.

Bis zu diesem Moment bestimmte eher eine gewisse Unsicherheit ihre Gefühlslage. Kerstin hatte immer wieder Zweifel und stellte sich Fragen: Ist das Kleid wirklich die richtige Entscheidung? Würde sie sich darin wohlfühlen? Und ließe es sich so umändern, dass es perfekt wäre?

In diesem Augenblick jedoch weichen alle Zweifel dem bestätigenden Gefühl der Zuversicht und Erleichterung. Das ist Kerstins Kleid. Sie hat ihr Brautkleid gefunden.

Nur wenige Minuten später, die Schneiderin fängt gerade an, die Länge des Kleides abzustecken, ist von diesem Glücksgefühl auf einmal nicht mehr viel zu spüren.

Es dauert keine fünf Minuten, da macht sich Kerstins Kreislauf wieder bemerkbar. Ihr wird schwindelig. Sofort muss sie sich setzen. Eine weitere Verkäuferin eilt herbei und bringt Kerstin etwas zu trinken.

149

Als es ihr nach einer kurzen Pause wieder besser geht, fährt die Schneiderin mit den Anpassungen fort. In diesem Moment geht das Spiel von vorne los. Sofort wird Kerstin wieder schwarz vor Augen, sie nimmt die Stimmen der anderen plötzlich nur noch gedämpft war. Im letzten Augenblick bittet sie darum, sich hinlegen zu dürfen. Im Brautkleid liegt sie Sekunden später auf dem Boden, während die Mitarbeiter Decken organisieren. Kerstin bekommt Traubenzucker, sie muss ihre Beine hochlegen, um den Kreislauf zu stabilisieren, und immer wieder etwas trinken.

»Mir war übel und schwindelig, alles hat sich gedreht. Selbst meine Gesichtsfarbe hatte sich inzwischen verabschiedet. Ein ganz komisches Gefühl.«

Niemals hatte sie gedacht, dass sich ihr Körper so extrem gegen ein Kleid wehren könnte. So sehr, dass sogar ihre Füße zu schrumpfen beginnen, wenn sie das Kleid anhat.

Es dauert einen Moment, bis Kerstin wieder zu sich kommt. Noch leicht verschwommen vernimmt sie, wie ihre Angehörigen und die Verkäuferinnen über eine Schwangerschaft spekulieren. Doch da ist sie sich sicher, das ist es nicht. Das ist nicht der Grund dafür, dass sie jedes Mal, wenn sie das Brautkleid anprobiert, zusammenbricht.

Erst nach einigen Minuten hat sich Kerstin wieder erholt. Zusammen mit der Schneiderin macht sie im Sitzen weiter, in der Hoffnung, dass es dann besser klappen würde. Kaum hat die Mitarbeiterin aber angefangen, den gewünschten Träger, der noch an das Kleid angebracht werden soll, anzustecken, wird Kerstin erneut schwindelig.

Damit ist die Brautkleid-Anprobe für diesen Tag beendet.

Auf der Heimfahrt überkommt Kerstin dann ein dumpfes Gefühl. Zunächst kann sie es nicht einordnen, dann hat sie einen Geistesblitz. Plötzlich weiß sie, wo das Problem liegt. Im Kopf geht sie noch einmal alle Möglichkeiten durch, doch diese Erklärung erscheint am logischsten. Kerstin hat endlich den Auslöser für ihr Brautkleid-Kreislauf-Dilemma gefunden.

»Das Kleid ist enganliegend geschnitten, wenn auch nicht einengend«, erzählt sie. »Ich vermute, dass mein Körper und mein Unterbewusstsein aufgrund meiner Kindheitsgeschichte damit ein Problem haben.«

Denn Kerstin musste aufgrund einer Wirbelsäulenverkrümmung (Skoliose) im Alter von zehn bis siebzehn Jahren dauerhaft ein Korsett tragen.

»Auf einmal war mir klar, dass es am Kleid liegen musste. Und eben nicht an mir. Denn das Kleid, das ich mir ausgesucht habe, hat eine Korsage. Und immer, wenn ich das Kleid anhatte, ging es mir direkt schlecht. Wenn ich es dann ausgezogen habe, ging es mir sofort wieder besser. Ich hatte zwar einen Funken Hoffnung, dass etwas anderes dahinterstecken könnte, die Verbindung zu meiner Kindheit war jedoch viel zu eindeutig.«

Kerstins Verdacht bestätigt sich dann bei der nächsten Anprobe. Nach nur wenigen Minuten liegt sie direkt wieder auf dem Boden, ihr Kreislauf bricht erneut zusammen. Und in diesem Moment wird ihr Traumkleid abermals zu einem Albtraumkleid.

Für Kerstin steht fest: In diesem Kleid kann und will sie nicht heiraten. Doch sie hat es längst gekauft und kann es nicht mehr zurückgeben. Was soll sie also tun? Ein weiteres Kleid kaufen? Ihr bleibt nichts anderes übrig. Wenn Kerstin ihre eigene Hochzeit nicht im Liegen verbringen möchte, dann braucht sie einen Plan B. So viel steht fest. In ihrer Not, es sind nur noch wenige Wochen bis zur Hochzeit, telefoniert die junge Braut sämtliche Brautläden in der Umgebung ab. Natürlich ist der Kauf eines zweiten Brautkleides eine weitere, ungeplante finanzielle Ausgabe, aber Kerstin ist sich sicher. Sie braucht ein neues Kleid, eines, das sie am besten sofort mitnehmen kann. Parallel zu ihrer Suche in den Fachgeschäften bestellt sie in sämtlichen Onlineshops. Sicher ist sicher. Doch Kerstin wird nirgends fündig.

»Es war nichts dabei. Die Kleider sahen alle nicht aus wie ein Brautkleid. Und ich wollte nicht, dass die Gäste auf meiner Hochzeit die Braut suchen müssen.«

Kerstins Hoffnung, ihren großen Tag in ihrem persönlichen Traum in Weiß zu verbringen, schwindet plötzlich. Ihr bleibt nicht mehr viel Zeit. Mit jedem Tag verstärkt sich ihre Angst, das passende Kleid nicht mehr rechtzeitig zu finden.

»Ich war so unglücklich und hätte am liebsten alles hingeschmissen«, gesteht sie.

Kerstins Mann leidet mit ihr, ist immer an ihrer Seite, unterstützt sie, wo er nur kann. Aber wirklich helfen kann auch er nicht.

»Ich stand so unter Zeitdruck, es war richtig schrecklich«, sagt Kerstin.

Dann hat Kerstins Mutter plötzlich eine Idee. Eine wundervolle, berührende Idee. Sie bietet ihrer Tochter an, das Kleid für sie zu nähen. Kerstin bricht in Tränen aus. Aber nicht nur vor Rührung, sondern vor allem vor Sorge.

»Ich habe mich gefragt, wie sie das schaffen will. Es waren nur noch wenige Wochen bis zur Hochzeit, und sie musste ja auch noch ihren eigentlichen Job erledigen. Wie sollte sie das alles unter einen Hut bringen?«

Kerstins Mutter lässt sich von ihrer Idee nicht abbringen. Wenn ihre Tochter nirgendwo etwas Passendes finden kann, dann muss sie ihrer Tochter jetzt eben das perfekte Brautkleid schneidern. Schließlich wünscht sie sich für Kerstin eine wundervolle Hochzeit mit einem zauberhaften Kleid, in dem sie sich rundum wohlfühlen kann und das ihr Sicherheit und ein gutes Gefühl geben soll. Also beschließt Kerstins Mutter, sich spontan zwei Wochen Urlaub zu nehmen. Sie kauft Schnittmuster und näht aus alten weißen Bettlaken zwei Probekleider.

»Ich habe gemerkt, dass sie es wirklich ernst meint. Und das tut sie nur für mich«, erzählt Kerstin, und ihre Stimme klingt dabei ganz sanft und voller Dankbarkeit.

»Es blieb uns auch nicht viel Zeit. Also habe ich mich darauf eingelassen, obwohl ich mir unsicher war, ob das alles so funktionieren würde.«

Zusammen schaffen die beiden Frauen das Unmögliche: Sie zaubern in kürzester Zeit ein Brautkleid, das Kerstin steht, passt und sie nicht einengt. Ein Kleid, das genau nach ihren Wünschen und Maßen gefertigt ist, das ihr ein Gefühl von Leichtigkeit gibt und all ihre Sorgen vergessen lässt. Diese Aufgabe schweißt Mutter und Tochter noch enger zusammen. Und mit dem Kleid ist Kerstin einfach nur glücklich.

»Ich habe das fertige Kleid angezogen und eine Stunde darin verbracht. Ich habe ein bisschen darauf gewartet, dass mein Kreislauf wieder zusammenbricht. Doch es passierte nichts. Auch nach einer Stunde stand ich noch. Ich war so glücklich. Es lag also tatsächlich an dem Kleid.«

In der Zwischenzeit hatte ihr Umfeld bereits die Vermutung geäußert, Kerstin sei noch nicht bereit fürs Heiraten.

»Und man lässt sich in solch einer Situation auch gerne mal verunsichern, obwohl man selbst gar keine Zweifel hat«, gesteht Kerstin.

Doch in dem Moment, als sie endlich das Kleid gefunden hat, das ihr Sicherheit gibt, das sie nicht einengt, sondern all ihren Wünschen, Träumen und Hoffnungen Platz bietet, weiß sie, dass sie bereit ist, Marius zu ihrem Mann zu nehmen.

Wenige Tage später ist es dann endlich so weit. Für ihren großen Tag haben Kerstin und Marius eine märchenhafte Festung gemietet, die perfekte Kulisse für ihre Traumhochzeit. Gemeinsam mit Freunden und der Familie verbringen sie einen Tag, der nicht perfekter hätte sein können. Mit Seilbahnfahrt über den Rhein, Trauung im Schloss, Zeitreise in die Vergangenheit der Festung, viel Natur und leckerem Essen.

»Nur das Wetter hätte besser sein können«, sagt Kerstin und lacht. »Es war ein rundum toller Tag.«

Und ihr Brautkleid ist an diesem Tag ein ganz besonderes Highlight. Nicht nur, weil es von ihrer Mutter genäht wurde, sondern weil es Kerstin Kraft und Halt gibt. Weil es diesen Tag für sie noch spezieller macht, als er sowieso schon ist. Eben weil ihr Kleid eine Geschichte erzählt.

Und das andere Kleid? Das muss Kerstin behalten, denn

der Brautmoden-Laden kann und will es trotz mehrmaliger Nachfrage nicht zurücknehmen, da es eine Sondergröße hat, extra für Kerstin bestellt wurde und inzwischen auf sie abgeändert worden ist. Also bleibt Kerstin nichts anderes übrig. Sie muss das Kleid selbst verkaufen, dafür sorgen, dass es irgendwo noch zum Einsatz kommen kann. Denn nur für den Schrank ist es definitiv zu schade. Also schaltet Kerstin eine Verkaufsanzeige. Sie weiß, dass sie die 540 Euro, die sie mitsamt den Änderungen dafür bezahlt hat, vermutlich nicht wiederbekommen wird. Darum geht es ihr auch gar nicht. Hauptsache, es findet sich eine Abnehmerin.

Die Suche nach einer neuen Besitzerin für ihr Brautkleid gestaltet sich schwierig. Es kommen zwar einige Anfragen herein, aber keine Braut möchte das Kleid kaufen. Und so vergehen einige Monate. Doch selbst als Kerstin den Preis auf gerade einmal 120 Euro reduziert hat, gibt es immer noch keine konkrete Kaufzusage.

Und so fasst Kerstin einen Entschluss. Sie will ihr Kleid schließlich nicht ewig zu Hause im Schrank hängen lassen. Sie informiert sich, was es sonst noch für Möglichkeiten gibt, und stößt bei ihrer Suche zufällig auf eine Kleinanzeige, die dazu aufruft, Brautkleider für einen guten Zweck zu spenden.

»Die Gruppe, die die Anzeige geschaltet hat, will aus den Brautkleidern Einschlagdecken, Abschiedskleidchen und Kleider zur Nottaufe für Sternenkinder nähen. Ein wichtiges Projekt, wenn auch mit einem traurigen Hintergrund«, erzählt mir Kerstin.

Sternenkinder sind Kinder, die während der Schwangerschaft, bei der Geburt oder kurz danach versterben und die so klein sind, dass es für sie keine passende Kleidung gibt. Der Gedanke, der hinter dieser Idee steckt, ist nicht nur, Kleidung zu nähen für jemanden, für den es keine Kleidung gibt. Sondern vielmehr geht es darum, die Sternenkinder in Stoffe der Liebe zu hüllen. Und es ihren Eltern so zu ermöglichen, würdevoll Abschied zu nehmen.

Als Kerstin von dieser Idee liest, ist sie Feuer und Flamme. Sie zögert nicht lange, kontaktiert die Initiative und spendet wenig später ihr ungetragenes Brautkleid für diesen guten Zweck. Von dem Kleid ihrer Mutter möchte sich Kerstin hingegen nicht trennen. Im Gegenteil.

»Immer, wenn ich am Schrank vorbeigehe, zaubert es mir ein Lächeln ins Gesicht. Vielleicht passt ja irgendwann einmal meine Tochter hinein, sollte ich eine bekommen«, sagt sie und lacht. »Oder man führt so etwas wie einen Tag der Braut ein. Einen Tag, an dem jede Frau ihr Brautkleid in der Öffentlichkeit tragen kann.«

Josie

Ich sitze im Zug auf dem Weg nach Augsburg. Es ist ein warmer Spätsommertag. Die Sonne scheint, und es sind kaum Wolken am Himmel. Heute treffe ich mich mit Josie, einer aufgeschlossenen jungen Frau mit blonden kurzen Haaren und einem seitlichen Undercut. So sah sie zumindest auf dem Foto aus, das ich im Vorfeld in den sozialen Medien von ihr finden konnte. Josies Verkaufsanzeige ist eine der wenigen, die sehr persönlich geschrieben sind und die schonungslos preisgeben, warum ihr Kleid nicht zum Einsatz kam.

Ich hole mein Schreibheft aus der Tasche, das ich seit dem Beginn meiner Brautkleid-Recherche immer bei mir trage. Es ermöglicht mir, sofort mitzuschreiben, sollte mich unerwartet eine Geschichte zu den vielen Verkaufsanzeigen erreichen.

Ein paar Seiten des Heftes sind mit Stichwörtern zu Josie gefüllt. Auch ihre Anzeige habe ich ausgedruckt und eingeklebt. Für den Fall der Fälle, dass sie das Kleid verkauft oder die Anzeige löscht. Ich schaue auf die Bilder von Josies Brautkleid. Es ist ein trägerloses Kleid mit Schleppe, in der Farbe Ivory. Es hat einen herzförmigen Ausschnitt und ist verziert mit Perlen und Stickereien. Am Rücken wird das Kleid geschnürt, seitlich ist es dezent gerafft. Kaufpreis: eintausendvierhundert Euro.

»Mein Traumkleid habe ich gleich im ersten Laden gefunden, und es war Liebe auf den ersten Blick«, schreibt Josie in dem Text zu ihrer Anzeige. Ihr Kleid ist für Patrick bestimmt. »Mein Mann und ich haben im vergangenen Jahr standesamtlich geheiratet. Er war die Liebe meines Lebens und um diese Hochzeit zu toppen, konnten wir nur noch den Schritt vor den Traualtar wagen. Gesagt, getan. Voller Freude darauf, den schönsten Tag unseres Lebens noch einmal zu erleben, stürzten wir uns in die Arbeit und planten alles bis ins kleinste Detail.«

Dann passiert etwas für Josie vollkommen Unerwartetes. Patrick trifft eine Entscheidung, und Josies Traum zerplatzt.

»Zehn Wochen vor unserer Traumhochzeit ließ er mich sitzen, packte, ohne ein Wort zu sagen, seine Sachen und zog aus. Nachdem ich so langsam realisierte, was passiert war, fing ich an, die Hochzeit zu stornieren, was sich als gar nicht so leicht erwies. Zehn Wochen vor der Trauung. Doch die schwierigste Aufgabe steht mir jetzt bevor: Ich verkaufe mein ungetragenes Brautkleid, von dem ich ausging, dass es mich zur glücklichsten Frau der Welt machen würde. Ich verkaufe es in der Hoffnung, dass sich jemand findet, der sich genauso darin verliebt, wie ich es getan habe.«

Ich schaue einen Moment aus dem Fenster und denke über Josie nach. Über unser erstes Telefonat. Josie war sofort begeistert von der Idee, mir ihre Geschichte zu erzählen. Am Telefon lachte und weinte sie gleichzeitig. Ihre süße Stimme und ihr süddeutscher Dialekt sind mir noch ganz präsent. In zwei Tagen wäre ihre kirchliche Trauung gewesen, genau ein Jahr nach der standesamtlichen. Ich hätte verstehen können, wenn sie deswegen unser Treffen abgesagt hätte. Doch Josie hält an dem Termin fest, und so treffen wir uns bei ihr in Augsburg.

»Ich warte auf dem Gleis auf dich und trage ein weißes Kleid. Was für eine Ironie«, schreibt sie in ihrer SMS. Gefolgt von mehreren Smileys. Ich muss lachen.

Als ich aus dem Zug steige, kann ich Josie schon von weitem sehen. Ich laufe auf sie zu, und wir nehmen uns zur Begrüßung herzlich in den Arm. Wir gehen zu ihrem Auto und fahren erst einmal in ein Café. Josie ist, wie sie selbst sagt, zu aufgeregt, um mir direkt ihre Geschichte zu erzählen. Sie möchte erst einmal ein bisschen was über mich und mein Projekt erfahren. Doch dazu kommt es nicht. Wir bestellen uns einen Kaffee, setzen uns an einen Tisch direkt am Fenster. Und dann sprudelt es nur so aus ihr heraus. Und sie erzählt mir von Patrick, ihrem Mann. Ich lehne mich zurück und höre ihr zu.

Die Trennung von ihrem Brautkleid: Für Josie bedeutet es das Abschiednehmen von ihrem Lebenstraum. 2011 lernt die junge Frau Patrick kennen. Beide verlieben sich Hals über Kopf ineinander.

»Ich habe sofort gemerkt, dass er etwas in mir auslöst. Etwas, von dem ich nicht vermutet habe, dass das jemals einer schaffen könnte«, sagt sie.

Sie nimmt einen Schluck von ihrem Kaffee. »Und, ja, eigentlich war da sofort irgendwie Herzrasen.«

Für Josie ist bereits nach dem ersten Treffen klar: Sie will mit Patrick ihr Leben verbringen. Nach nur drei Wochen vertraut sie ihm ihren Wohnungsschlüssel an. Nach einem Jahr ziehen beide zusammen.

»Komm, lass uns zu mir in die Wohnung fahren. Ich zeige dir ein paar Fotos von Patrick und mir«, sagt sie und lächelt mich an.

In Josies Wohnung, in der sie bis vor kurzem noch gemeinsam mit Patrick gewohnt hat, gibt es nicht mehr viele Erinnerungen an die gemeinsame Zeit. Nur vereinzelt erblicke ich Gegenstände, auf denen beide Namen stehen oder die an den Mann erinnern, mit dem Josie alt werden wollte. Wir setzen uns ins Wohnzimmer auf die große graue Couch. Auf dem Couchtisch steht die Traukerze von Josie und Patrick, sie ist noch unbenutzt. Die Kerze ist in den Farben Pink und Grün gehalten. Josie erzählt mir, dass das die Farben sind, die beide für ihre Hochzeit ausgewählt hatten. Schon bei der standesamtlichen Trauung trug Josie ein pinkes Kleid und Patrick einen grünen Anzug. Das Farbkonzept wollten sie für die kirchliche Feier beibehalten.

»Patrick ist von seiner Art her total ausgeflippt, er ist für jeden Spaß zu haben, du konntest mit ihm jeden Blödsinn machen, er kam auf die verrücktesten Ideen.«

Josie schaut mich an. Sie strahlt. Und ich spüre sofort: Die Liebe für Patrick ist nach wie vor da. Obwohl er sie so kurz vor der Hochzeit verlassen hat. Und obwohl der Schmerz immer noch so groß für sie ist. Dennoch: Patrick ist und bleibt derjenige, der ihr Herz höher schlagen lässt.

»Gleichzeitig war er aber auch total einfühlsam, hat mir immer zugehört. Er hat mir Mut gemacht, wenn mein eigener

Mut mich schon verlassen hat. Er war immer für mich da. Er war einfach der perfekte Ehemann. Ich meine, klar, kein Mensch ist perfekt. Aber für mich war Patrick perfekt.«

Josie steht auf und geht aus dem Raum. Ich schaue ihr nach und höre, wie sie im Nebenzimmer in einer Kiste kramt. Dann kommt sie mit einem Fotoalbum zurück, das Patrick ihr zum Zweijährigen geschenkt hat. Darin wurden all ihre gemeinsamen Erinnerungen festgehalten. Etwas weiter hinten im Buch, Josie blättert ein paar Seiten vor, erkenne ich Aufnahmen von London. Das Paar strahlt überglücklich in die Kamera. Josie streicht mit den Fingern über die Bilder.

»In London hat er mir den Heiratsantrag gemacht«, fährt sie fort. »Wir standen vor dem Buckingham Palace bei allerschönstem Wetter. Die Sonne hat geschienen, und es war einfach ein perfekter Nachmittag.«

Sie macht eine kurze Pause. Dann zieht sie das Album noch etwas näher zu sich und schaut sich die Fotos genauer an.

»Als wir vor dem Buckingham Palace standen, fing er auf einmal an, wirres Zeug zu reden, von wegen, ich liebe dich, und du bist die Frau meiner Träume, und ich dachte nur, okay, was ist denn jetzt los, also, irgendwie redest du gerade totalen Schwachsinn. Und na ja, dann ist er auf die Knie gegangen und hat dann diese … warte.«

Josie bricht den Satz ab. Tränen laufen über ihre Wangen. Ich überlege kurz, ob ich sie in den Arm nehmen soll. Doch Josie gibt mir zu verstehen, dass sie weiterreden möchte. Unter Tränen fährt sie fort: »Und dann hat er diese Schachtel herausgeholt und mich gefragt, ob ich seine Frau werden will.«

Das Glück der beiden scheint perfekt. Nur sechs Monate nach dem Heiratsantrag lassen sich Josie und Patrick standesamtlich trauen. An ihrem Jahrestag. Im Kreise der Familie. Josies bester Freund holt sie von zu Hause ab, und obwohl die Klimaanlage das Brautauto herunterkühlt, schwitzt Josie vor lauter Aufregung. Als sie aus dem Auto steigt, lösen sich ihr Angstschweiß und ihre Nervosität in Luft auf. Vor dem Standesamt warten bereits die Familien der beiden. Und Patrick. Dann kommt DER Moment. Josie richtet noch kurz ihr Kleid und läuft dann auf ihn zu. In diesem Augenblick dreht sich Patrick um und sieht Josie zum ersten Mal in ihrem pinken Kleid. Vor lauter Freude und Rührung füllen sich seine Augen mit Tränen. Und auch Josie ist hin und weg.

»Der Moment war unglaublich«, sagt sie. Sie will noch etwas hinzufügen, doch ihre Stimme versagt. Erneut bricht sie in Tränen aus.

Beflügelt von diesem Tag, planen Josie und Patrick direkt die kirchliche Trauung, die genau ein Jahr später stattfinden soll. Josie möchte mir die Kirche zeigen, in der sie und Patrick in zwei Tagen geheiratet hätten. Doch vorher bittet sie mich noch, kurz mit ins Nebenzimmer zu kommen. In ihrem Arbeitszimmer, das irgendwann einmal zu einem Kinderzimmer umfunktioniert werden sollte, steht ein großer Kleiderschrank. Ansonsten ist der Raum leer. Am Schrank hängt ein Kleidersack. Darin: Josies Brautkleid.

»Der für mich wohl schwerste Moment nach der Trennung war, dieses Brautkleid abzuholen«, sagt sie. Sie hält sich das Kleid vor ihren Körper und betrachtet sich im Spiegel. »Eben mit der Gewissheit, dass ich es nicht anziehen werde.«

Ich beobachte Josie mit ihrem Brautkleid. Immer und immer wieder dreht sie sich vor dem Spiegel, begutachtet sich und ihr Kleid. Dann bemerkt Josie meinen Blick. Erneut laufen ihr die Tränen über die Wangen.

»Ich wollte an dem Tag einfach nur Prinzessin sein, und dieses Kleid hätte es mir ermöglicht«, sagt sie und schluchzt. »Es hat gepasst. Von Anfang an. Und es jetzt zu verkaufen fällt mir verdammt schwer. Ich wollte glücklich sein in diesem Kleid.«

Dazu kommt es aber nicht. Denn zehn Wochen vor der kirchlichen Trauung verlässt Patrick seine Frau. Hals über Kopf. Ohne ihr einen Grund zu nennen. Bis heute weiß Josie nicht, warum Patrick sie verlassen hat. Er ist einfach gegangen und hat die Haustür hinter sich geschlossen, als würde er zur Arbeit gehen, wie immer. Doch in diesem Moment steht sein Entschluss bereits fest: Er wird nicht mehr zurückkommen.

Natürlich sei die Zeit vor der Hochzeit etwas stressig gewesen, erinnert sich Josie. »Aber deswegen beendet man doch nicht einfach eine Beziehung. Wir haben uns eigentlich immer wieder bewiesen, dass wir alles schaffen können, wenn wir zusammenhalten. Nach dem Motto: wir beide gegen den Rest der Welt.«

Dann sei da dieser eine Abend gewesen, erzählt Josie weiter, sie habe schon vorher gemerkt, dass etwas anders sei. Patrick sei sehr verschlossen und zurückhaltend gewesen.

»Doch er hat mir immer genau das gesagt, was ich hören wollte.«

Bevor wir zurück ins Wohnzimmer gehen, will sie mir noch

etwas anderes zeigen. Sie lächelt mich an, dann öffnet sie eine der Türen des Kleiderschranks. Wo bis vor kurzem noch Patricks Kleidungsstücke lagen, lagern nun all die Erinnerungen an ihn. Es sind Bilder des Paares, Geschenke von Patrick an Josie, Geschenke von Josie an Patrick, ihr Standesamtkleid, die Eheringe für die geplante kirchliche Trauung. Josie wollte die Sachen aus ihrem Blickfeld haben, so erklärt sie es mir, doch sie sei einfach noch nicht bereit gewesen, die Erinnerungsstücke in Kartons zu verstauen, im Keller zu lagern oder gar zu entsorgen. Also liegen sie nun hier im Kleiderschrank.

Josie hält für einen kurzen Moment inne. Dann schließt sie die Schranktür und zeigt mir den Weg ins Wohnzimmer.

»Ja, und dann saßen wir hier«, Josie zeigt auf die Couch, »und da hat er mir aus heiterem Himmel einfach gesagt: Du, ich verlasse dich.«

Josie nimmt einen Schluck von ihrem Wasser.

»Und das ist so ein Moment, wo du denkst: Halt! Stopp! Du kannst jetzt nicht gehen. Wir heiraten in zwei Monaten kirchlich, die Einladungen sind raus. Es steht alles. Du kannst nicht gehen!«

Doch Patrick hört nicht auf Josies Worte. Sie kann ihn nicht aufhalten. Der Mensch, der vier Jahre an ihrer Seite war, mit dem sie seit fast einem Jahr verheiratet ist, der geht einfach. Er verlässt sie. Und bei jedem Schlüssel, der im Hausflur zu hören ist, flammt Josies Hoffnung wieder auf. Jedes Mal glaubt sie, jetzt würde er zurückkommen. Jetzt habe er endlich verstanden, dass er einen Fehler gemacht hat. Doch er kommt nicht zurück.

Josie nimmt wieder ihr Fotoalbum zur Hand. Sie blättert erneut durch das Buch, betrachtet jede Seite, als suche sie etwas.

»Ich weiß einfach nicht, warum er gegangen ist. Immer diese Frage nach dem Warum.«

Josie sucht in ihrem Erinnerungsalbum nach Antworten. Doch sie findet ihn nicht, diesen Moment, der für Patrick der Auslöser gewesen sein muss. Das Kapitel, das für ihn ein Einschnitt gewesen sein muss. Den Zeitpunkt, an dem er seine Entscheidung getroffen hat. Alleine getroffen hat. Den Tag, an dem er beschlossen hat, die Frau zu verlassen, der er versprochen hat, immer für sie da zu sein. Der er ewige Liebe und Treue geschworen hat.

Nachdem Patrick sich von Josie getrennt hat, gerät die Welt der jungen Frau aus den Fugen. Was hat ihr Leben ohne Patrick überhaupt noch für einen Sinn? Wie soll sie weiterleben ohne den Mann, mit dem sie bis ans Ende ihres Lebens zusammen sein wollte? Woher soll sie die Kraft und den Mut nehmen, neu anzufangen?

In ihrer Verzweiflung trifft Josie einen Entschluss. Sie will nicht mehr leben. Sie mixt sich einen Cocktail aus verschiedenen Tabletten und legt sich mit dem Mix und einer Flasche Wodka in ihr Bett.

»Ich hatte für mich selber beschlossen, alles zu beenden. Ich wollte einfach nicht mehr leiden, ich wollte diesen Schmerz nicht mehr spüren. Ich wollte nur noch, dass es aufhört, weh zu tun. Und dann lag ich da im Bett und habe gewartet, dass endlich alles vorbei ist.«

Während sie auf ihr Ende wartet, gehen Josie allerlei Gedanken durch den Kopf. Ihr gesamtes Leben zieht noch einmal an ihr vorbei. Und dann passiert es: Josie spürt auf einmal, dass sie leben möchte. Und dass Patrick es nicht wert ist, dass sie alles aufgibt.

Und Josie hat Glück: Sie muss sich übergeben, so dass die Tabletten ihre Wirkung verlieren. Und so schafft sie es zurück ins Leben.

Ab diesem Moment geht es für Josie bergauf. Zwar langsam, aber immerhin wird es besser. Stück für Stück kämpft sie sich zurück ins Leben. Sie beginnt eine Therapie, schöpft wieder Kraft und sammelt neue Energie. Und die vielen Erinnerungen an Patrick, die Traurigkeit und Verzweiflung, sie weichen ganz sanft der neuen Lust auf das Leben.

Obwohl Josie die Vergangenheit hinter sich lassen möchte, der Wunsch nach einem Liebescomeback und die Hoffnung auf eine Rückkehr von Patrick lassen sich für sie nur schwer ablegen.

»Ich habe die letzte Zeit lange dafür gekämpft, dass Patrick und ich es irgendwie noch einmal probieren. Ich hätte dafür wahrscheinlich auch einiges in Kauf genommen. Ja, ich hätte fast alles getan, nur damit er zu mir zurückkommt. Ich hätte mich wahrscheinlich sogar von meinem Mann scheiden lassen, nur um dieses Zwanghafte, dieses ›Wir sind Mann und Frau, wir müssen funktionieren‹, endlich abzulegen. Ich wollte einfach von vorne anfangen.«

Doch es kommt nicht dazu. Zum einen, weil Patrick die Trennung nicht rückgängig machen möchte, und zum anderen, weil Josie versteht, dass es nichts bringt, wenn sie sich selbst für ihn aufgibt. All die Veränderungen, die sie bereit

167

wäre, für Patrick einzugehen, würden im Endeffekt nur dazu führen, dass sie sich von sich selbst immer weiter distanziert.

Josie spürt, dass es Zeiten gibt, in denen man kämpfen muss, in denen vielleicht auch einige Veränderungen sinnvoll wären. Und Zeiten, in denen man, so weh es einem auch tut, einsehen muss, dass man machtlos ist. In denen es leichter ist, jemanden aufzugeben und loszulassen, als an dem Schmerz und dem aussichtslosen Kampf kaputtzugehen.

In diesem Moment, als ihr das klarwird, gibt es für Josie nur noch ein Vor und kein Zurück mehr.

Es ist schon erstaunlich, wie weit Josie für Patrick gegangen wäre. Der Wunsch der jungen Frau, endlich wieder mit ihrer großen Liebe vereint zu sein, ist so unbeschreiblich groß, dass sie sich selbst und ihre Wünsche und Träume für ein Liebescomeback aufgegeben hätte.

Natürlich besteht eine Beziehung aus geben und nehmen. Und natürlich ist es wichtig in einer Partnerschaft, nicht nur sein eigenes Ding durchzuziehen, sondern sich auch auf den Partner einzulassen. Und es spricht an sich auch nichts gegen Veränderungen. Denn Veränderungen bedeuten meist auch Fortschritt. Doch eben nicht immer.

Josie hat zum Glück rechtzeitig erkannt, dass ihr Vorhaben, sich nur für Patrick zu verändern, nicht zum Erfolg führen würde.

Ganz anders ist das bei Stephanie. Die junge Frau steht mit beiden Beinen fest im Leben. Sie hat einen eigenen Hof mit Pferden, Hunden und Hühnern, sie arbeitet als Tiertherapeutin, hat jede Menge Kunden und noch mehr Freunde. Lediglich den passenden Partner hat sie noch nicht gefunden. Bis Veit in ihr Leben tritt. Ganz zufällig lernen sich die beiden eines Abends über einen gemeinsamen Freund kennen.

Noch in der Nacht verabreden sie sich für das Wochenende. Und dann geht alles ganz schnell. Auf das erste Date folgen zwei weitere Treffen und eine romantische Liebeserklärung von Veit, die Stephanies Herz zum Rasen bringt. Die beiden verbringen, so oft es geht, Zeit zusammen, denn Veit wohnt in Frankreich und Stephanie in Mitteldeutschland. Das Paar meistert die Fernbeziehung ohne Komplikationen, und an ihrem ersten Jahrestag hält Veit um Stephanies Hand an.

Mit ihrem »Ja« beginnen aber nicht nur die Hochzeitsvorbereitungen. Veit bittet Stephanie, zu ihm zu ziehen. Und obwohl es der jungen Frau schwerfällt, ihre Heimat zu verlassen, ihre Existenz aufzugeben, ihre Freunde und Tiere zurückzulassen und in ein Land zu ziehen, dessen Sprache sie nicht spricht, stimmt sie den Plänen zu. Der Liebe wegen. Denn sie glaubt: Wenn sie mit Veit glücklich sein will, dann muss sie mutig sein. Dann muss sie alte Pfade verlassen und neue einschlagen.

Die nächsten Monate verbringt Stephanie also nicht nur damit, Dienstleister für ihre Hochzeit zu buchen, Einladungen zu verschicken und ihr Brautkleid zu kaufen, sondern auch damit, ihre Wohnung aufzugeben, ihr Hab und Gut zu verkaufen, sich räumlich und auch mental auf den Umzug vorzubereiten. Drei Monate vor der geplanten Hochzeit und dem Umzug findet sie endlich einen Käufer für ihren Hof und auch einen Tiertherapeuten, der ihre Praxis übernehmen kann.

Dem Glück des jungen Paares steht also nichts mehr im Weg.

Zwei Monate vor der geplanten Trauung zerplatzt Stephanies Traum dann binnen weniger Sekunden. Veit trennt sich von ihr. Am Telefon.

»Es tut mir leid, ich kann das nicht mehr«, sagt er. Das ist alles. Dann legt er auf.

Stephanie versucht, ihn noch einmal zurückzurufen. Das kann er unmöglich ernst meinen. Doch Veit nimmt nicht ab. Unzählige Male wählt sie seine Nummer; bis heute hat sie nicht mehr mit ihm gesprochen.

Das Einzige, was Stephanie von ihrer Liebe bleibt, ist die bittere Erkenntnis, sich in einem Menschen getäuscht zu haben, mit dem sie ihr Leben verbringen wollte und für den sie ihre Existenz aufgegeben hat.

Stephanie steht nach der plötzlichen Trennung vor dem Nichts. Sie hat ihren Job, ihren Hof und ihre Kunden aufgegeben, sie hat sich innerlich bereits von dem Ort und den Menschen verabschiedet.

Es bleibt ihr also nichts anderes übrig, als all ihre Energie in einen Neuanfang zu stecken. Stephanie ist gezwungen, bei null anzufangen. Doch für Schmerz und Enttäuschung ist in diesem Moment keine Zeit. Wenn sie nicht schon in wenigen Wochen auf der Straße sitzen will, dann muss sie jetzt die Ärmel hochkrempeln und ihr Leben wieder in Ordnung bringen.

»Mir konnte in diesem Moment keiner helfen, und es hat

unendlich weh getan«, resümiert sie. Was hatte sie sich nur dabei gedacht, ihr ganzes Leben für einen Mann aufzugeben, den sie nur so kurz kannte. Natürlich, sie war voller Liebe, sie vertraute Veit voll und ganz, und dennoch hatte sie so ein komisches Bauchgefühl, als sie anfing, ihr Leben, das sie eigentlich vollends erfüllte, für ihn aufzugeben. Sie legt ihr Schicksal in seine Hände. Doch dass das nicht die richtige Entscheidung ist, spürt sie viel zu spät.

Es dauert ein ganzes Jahr, bis Stephanie sich wieder aufgerappelt hat. Nur langsam findet sie zurück in ihren Alltag, der niemals mehr so sein wird wie zuvor. Denn ihr Verlobter hat ihr das genommen, was ihr am meisten Halt gegeben hat: ihr glückliches, erfülltes Leben.

Zwar hat Stephanie eine neue Wohnung gefunden, ihre Praxis wiederaufgebaut und ihre Freunde behalten, aber der Schmerz hat sie verändert. Sie ist, wie sie selbst sagt, einfach nicht mehr so unbeschwert. Als letzter Schritt in Richtung Neuanfang verkauft sie daher ihr Brautkleid. Stephanie beschreibt es in ihrer Anzeige mit dem Wort »Königinnenkleid«, das leider nie zum Einsatz kam.

»Ich hoffe, dass ich mit dem Verkauf des Kleides endlich vergessen kann, welchen Fehler ich gemacht habe«, sagt sie. »Ich kann einfach immer noch nicht verstehen, dass ich für diesen Mann alles aufgegeben habe. Was war nur los mit mir?«

Wenn das eigene Leben solch komische Wege geht, dann fällt es verständlicherweise schwer zu verstehen, warum das alles passiert ist. Doch Stephanie ist sich sicher, dass sie irgendwann den Sinn dahinter verstehen wird.

Auch Josie hat die Trennung von Patrick nachhaltig verändert. Die Frage nach dem Warum beschäftigt sie jeden Tag aufs Neue. Noch immer kann sie nicht glauben, dass ihr Mann sie verlassen hat. Derjenige, den sie in wenigen Tagen ein zweites Mal geheiratet hätte.

Wir machen uns auf den Weg in die Kirche, in der Patrick und sie sich kirchlich trauen lassen wollten. Wir betreten das Gotteshaus, das sehr hell und modern gebaut ist. Nichts erinnert hier an eine klassische Kirche, Lage und Form sind ungewöhnlich. Genau das hat auch das Paar direkt angesprochen.

»Es war sofort Liebe auf den ersten Blick mit der Kirche. Es hat einfach gepasst.«

Wir setzen uns auf die Holzbänke und lassen einen Moment die Ruhe des Raumes auf uns wirken.

»Die Trauung wäre um fünfzehn Uhr gewesen«, erzählt Josie mit einem Lächeln. »Wir haben uns das so vorgestellt, dass alle hier drinnen warten, mein Mann vorne am Altar, und mein Papa mich dann ganz traditionell nach vorne begleitet.«

Ein weiteres Mal spüre und sehe ich den Schmerz, der Josie jedes Mal überkommt, wenn sie von der Hochzeit und der Trennung spricht. Sie versucht, die Tränen zu unterdrücken. Doch es gelingt ihr nicht.

Am Ende des Tages, als sie mich zurück zum Bahnhof bringt, verspricht sie mir, nicht aufzugeben. Sie will sich weiter zurück ins Leben kämpfen und nach vorne schauen.

Ein paar Minuten, nachdem mein Zug losgefahren ist, klingelt mein Handy. Es ist Josie.

»Danke fürs Zuhören. Das heute war wie eine Therapie für mich. Komm gut zurück nach Köln.«

Ich schaue aus dem Fenster und merke, wie sehr mich ihre Nachricht freut.

Ein Jahr später reicht Patrick die Scheidung ein. Josie schickt mir von den Scheidungsunterlagen ein Foto, kommentiert mit dem Wort »Endspurt«. Immer wieder haben wir in den vergangenen Monaten Kontakt gehabt. Immer dann, wenn es etwas Neues gab, hat Josie sich gemeldet. Und jedes Mal habe ich mich darüber gefreut. Ihre Liebe zu Patrick, ihre Ehe, ist nun also auch ganz offiziell für gescheitert erklärt worden.

»Wie geht's dir jetzt damit?«, schreibe ich ihr zurück.

Es dauert nur ein paar Sekunden, dann habe ich bereits eine Antwort.

»Überraschend gut. Ich hatte ziemlich große Angst vor dem Tag. Aber als die Unterlagen kamen, habe ich mich irgendwie total gefreut. Hannah, ich kann endlich loslassen und mit allem abschließen. Das ist so ein gutes Gefühl!«

Lilly

Es ist ein verregneter Dienstagmittag, ich mache mich auf den Weg zu einer jungen Frau, deren Geschichte mich schon bei unserem ersten Kontakt besonders berührt hat. Lilly wohnt in einer Wohngemeinschaft mitten in Köln. Ich laufe die Treppen hinauf zu der Wohnung, in der sie heute nicht leben würde, wäre vor etwa einem Jahr alles anders gelaufen.

Lilly öffnet die Tür und begrüßt mich mit einer herzlichen Umarmung. Wir gehen durch die Wohnung, mein Blick fällt auf die vielen Pokale, die aufgereiht nebeneinander im Flur stehen. Lilly ist mehrfache Weltmeisterin im Tischfußball, sie ist eine der besten Spielerinnen der Welt. Und bei diesem Sport hat sie auch ihre große Liebe kennengelernt: Marc. Der Mann, für den Lillys Brautkleid bestimmt war.

Lilly erzählt mir, dass sie erst kürzlich in die WG gezogen sei. Vorher habe sie unter anderem in Berlin und Süddeutschland gelebt. Doch ihre Geschichte habe sie nun nach Köln gebracht.

Lilly ist, das merke ich sofort, eine toughe junge Frau. Während sie mir Details aus ihrem Leben erzählt, wirkt sie fast schon etwas kühl und nüchtern, beinahe abgeklärt. Das sei ihre Art, so erklärt sie mir, mit Rückschlägen umzugehen. Sie habe viel in ihrer Kindheit, Jugend, in ihrem Leben als junge

176

Frau durchgemacht und erkannt, dass es nichts bringt, sich in seiner Traurigkeit zu vergraben. Sie versuche daher, aus jedem Tag das Beste zu machen, stark zu sein und dabei das Lachen nicht zu vergessen. Ich bin beeindruckt von ihrer Stärke, denke aber gleichzeitig, dass es ihr sicherlich auch guttun würde, ihre Gefühle einfach mal komplett rauszulassen. Gegen ein Kissen zu boxen, zu schreien, zu weinen, wütend zu sein.

Wir gehen ins Wohnzimmer. Der Tisch ist gedeckt mit allerlei Leckereien, und wir machen es uns auf den großen Sofas gemütlich. Lillys Hund Hector ist auch mit von der Partie. Er macht es sich halb auf dem Sofa und halb auf Lillys Bein bequem und schläft direkt ein.

Lilly erzählt weiter: von Marc, ihrer großen Liebe. »Marc ist ein junger Mann, der, wenn man ihn nicht wirklich kennt, eher unnahbar wirkt«, so beschreibt ihn mir Lilly. »Er hat eben eine harte Schale und einen weichen Kern.«

Für Lilly ist sofort klar: Marc ist der Richtige. Sie fühlt sich wohl in seiner Nähe, geborgen und sicher. Das Paar unternimmt viel zusammen, und beide sehen sich, so oft es geht. Denn Lilly wohnt in Berlin und Marc in einem Dörfchen in Bayern. Sie, das Großstadtmädel und er, der Naturbursche, den es eher selten in die Stadt zieht – eine Liebe, die langsam, aber stetig wächst und die zunächst nichts auseinanderbringen kann.

Die Liebe ist sogar so groß, dass Marc eines Tages vorschlägt, zu Lilly nach Berlin zu ziehen. Er will sein Zuhause aufgeben – für sie.

»Er hat zu mir gesagt: Ich bin glücklich, wo immer du bist«, erzählt sie mir und lächelt.

Doch Lilly kennt ihren Freund inzwischen so gut, dass sie weiß, dass er sich in der Großstadt nicht wohlfühlen würde. Deswegen beschließt sie, ihr unabhängiges Leben aufzugeben und es gegen ein Leben in Zweisamkeit einzutauschen. Sie entscheidet sich für Sicherheit, Geborgenheit und ein neues Zuhause-Gefühl. Und sie bereut es nicht.

Nach zweieinhalb Jahren Beziehung stehen bei dem Paar alle Zeichen auf Liebe. Gemeinsam kaufen sie ein Haus, planen ihre Zukunft. Und als sie an Lillys Geburtstag gemeinsam zur Tischfußball-Weltmeisterschaft nach Frankreich fahren, erfährt ihre Liebe einen weiteren Höhepunkt. Nach einem erfolgreichen Turnier erwartet Lilly bei der Siegerehrung eine ganz besondere Überraschung.

»Erst mal bekamen wir die Ansage, dass das deutsche Team nach der Siegerehrung die Bühne nicht direkt verlassen darf, sondern noch warten soll«, erzählt Lilly und ergänzt: »Warte, ich zeige dir das Video.«

Denn der Moment der Überraschung wurde live im Fernsehen übertragen.

Lilly steht kurz auf, holt ihren Laptop und kommt dann direkt wieder zurück aufs Sofa. Hector hat sich in der Zwischenzeit kurz umpositioniert, wurde ihm doch, durch Lillys plötzliches Aufstehen, sein Kopfkissen genommen. Lilly stellt den Laptop auf den Tisch und spielt das Video ab. Ich bekomme Gänsehaut.

Die verschiedenen Teams, die bei der Weltmeisterschaft gegeneinander angetreten sind und die Plätze eins bis drei belegt haben, stehen nebeneinander aufgereiht. Alle tragen eine Medaille um den Hals, wirken glücklich und zufrieden. Auf einmal ertönt Musik. Ein Mann, gekleidet in einen Ganzkörperanzug in den Farben Deutschlands, betritt die Bühne. In der Hand hält er einen Pokal. Wie Lilly mir erzählt, handelt es sich dabei um eine Trophäe, die ihr Team im Vorjahr gewonnen hatte, jedoch im Flugzeug nicht mit nach Hause nehmen konnte. Der Mann im Ganzkörperanzug zeigt auf Lilly und fordert sie auf, nach vorne zu kommen. Als Lilly auf der Bühne steht, nimmt der Mann den Deckel vom Pokal und lässt Lilly einen Blick hineinwerfen. Darin: ein Ring! In diesem Moment kommt Marc auf die Bühne gelaufen, direkt auf sie zu – ein euphorisches Raunen geht durch das Publikum. Marc wirkt absolut entspannt. Er scheint sich seiner Sache ganz sicher zu sein. Die Stimmung im Saal explodiert. Alle jubeln und kämpfen mit den Tränen. Freudentränen. Lilly ist überrascht und gerührt zugleich, als Marc vor ihr niederkniet und um ihre Hand anhält.

Ich schaue zu Lilly hoch. Sie wirkt gefasst, lächelt, als sie auf den Bildschirm schaut. Abends hätten sie dann noch mit den anderen Sportlern ihre Verlobung gefeiert. Es sei ein wundervoller Tag gewesen.

Die Hochzeit organisieren Lilly und Marc für Mai, eineinhalb Jahre nach dem Antrag. Es soll ein besonderes Fest mit freier Trauung und rund neunzig Gästen werden. Ihr Motto: Jedes Happy End ist ein guter Anfang. Ihr Budget: 22 000 Euro. Das Paar plant zunächst gemeinsam, doch die vielen Dinge, die es für ihren großen Tag zu organisieren gibt, überfordern die beiden. Also geben sie ihre Hochzeit in die Hände einer Hochzeitsplanerin. Damit alles perfekt wird.

Als ich Lilly bitte, mir von ihren Hochzeitsideen zu erzählen, gerät sie ins Schwärmen.

»Es wäre ziemlich perfekt geworden, da bin ich mir sicher«, sagt Lilly etwas wehmütig. Ohne Punkt und Komma erzählt sie mir von all den kleinen und großen Details, die ihre Hochzeit ausgemacht hätten. Geplant war eine standesamtliche Trauung am Freitag, im engsten Kreis, mit Tracht und Brotzeitbüfett. Und eine große Feier am Tag danach. Mit freier Trauung, thailändischem Traurital – denn Lilly hat thailändische Wurzeln –, mit einer Sandzeremonie, mit bewegenden Worten und schöner Musik. Die Hochzeit sollte schick, aber auch rustikal sein, eben eine gute Mischung. Gefeiert werden sollte in einem Herrenhaus mit ausgebauten Stallungen. Ebenfalls auf der Hochzeitswunschliste: Catering, Currywurstsnack um Mitternacht, Band, Hochzeitstorte, Zauberer, Fotobox, Gästebuch, Hochzeitsbaum, Feuerwerk und jede Menge Deko. Alles war durchdacht. Es hätte sogar pinkes Toilettenpapier gegeben.

Während Lilly so erzählt, muss ich an meine eigenen Hochzeitsvorbereitungen denken. Ja, ich muss zugeben, ich kann sie verstehen. Ich hätte es selbst nie geglaubt, aber Hochzeitsvorbereitungen machen süchtig. Es entstehen so eine Freude und Vorfreude auf den großen Tag, der zudem ja auch noch möglichst perfekt werden soll, dass die Planungen überhandnehmen. Jeden Tag entdeckt man etwas Neues: eine tolle Idee, ein neues DIY-Projekt, ein absolutes Hochzeits-Must-Have. Und dann beginnt der Vorbereitungsrausch.

Mein Verlobter und ich haben uns gleich zu Beginn unserer Hochzeitsvorbereitungen für Gelb als zentrale Farbe entschieden. Denn Gelb ist schon seit meiner Kindheit meine absolute Lieblingsfarbe. Die Farbe steht für mich für die Sonne, gute Laune, Zufriedenheit. Gelb macht mich glücklich. Perfekt also für unseren großen Tag, denke ich.

Immer öfter halte ich beim Bummel durch die Stadt oder beim Durchsuchen von Onlineshops also Ausschau nach möglichen Dekoartikeln in dieser Farbe. Aber das ist gar nicht so einfach. Gelbe Deko, die mir gefällt, ist Mangelware. Also überlege ich tagelang, welche Farben noch dazu passen würden und entscheide mich für Gold, Kupfer, Schwarz und Weiß. Dann, ein paar Wochen später, verliebe ich mich spontan in Kerzenhalter in einem dunklen Grauton. Grau und Schwarz sind sich ja nicht so unähnlich, also nehme ich auch diese Farbe mit in die Farbpalette auf. Ich war schon immer ein farbenfroher Mensch. Also bleibt es nicht lange bei Gelb, Gold, Kupfer, Schwarz, Weiß und Grau. Wenig später landen auch Sachen in der Farbe Orange und Rot in meinem Einkaufskorb.

Ja, und dann, eines späteren Tages, sitze ich mal wieder am PC, eigentlich habe ich einiges an Arbeit zu erledigen. Doch stattdessen surfe ich im Internet und entdecke auf irgendeinem der unzähligen Hochzeitsblogs einen Beitrag über Kreidefarben. Das sind Farben, die matt schimmern wie Kreide und mit denen man zum Beispiel Vasen, Gläser oder sonstiges Zeug lackieren kann. Perfekt, denke ich mir und bin plötzlich ganz angetan von den vielen Grün- und Blautönen, die es hier zu kaufen gibt. Ich zögere nicht lange und bestelle ein Set aus fünf Farben: Hellgelb, Dunkelgelb, Grau, Grün und Mintblau.

Als das Paket ein paar Tage später bei uns zu Hause eintrifft, sitze ich gerade mit Jonas am Küchentisch und frühstücke. Voller Vorfreude lege ich mein Brot zur Seite, packe stattdessen das Paket aus und präsentiere ihm die Farben. Und dann passiert es.

Mein Verlobter schaut mich an und sagt, ohne jegliche Wertung: »Also, Hannah, irgendwie verstehe ich unser Farbkonzept langsam nicht mehr.«

In diesem Moment muss ich lachen. Herzhaft lachen. Er hat absolut recht. Ich habe vor lauter Hochzeitsvorbereitungen den Fokus verloren. Ich packe also die Farben wieder ein und schicke die Bestellung zurück.

Lilly und ich haben übrigens neben dem Hochzeitsplanungs- und Kaufrausch noch eine weitere Gemeinsamkeit. Ihr Hochzeitskleid findet Lilly im Internet. Sie hat es gesehen, sich verliebt, es bestellt und anprobiert. Und es passt perfekt. Sie entscheidet sich für ein Kleid aus Satin und Feintüll, mit ausladender Schleppe, Rückenschnürung und farblich abgesetzten rosafarbenen Blumenstickereien und Schmucksteinen.

Lillys Freundinnen wollen ihren Spontankauf im Internet allerdings nicht so einfach hinnehmen. Eine zukünftige Braut muss schließlich einmal in ihrem Leben in einem Brautmoden-Laden gewesen sein. Also überreden sie Lilly, die glaubt, bereits ihr Traumkleid gefunden zu haben, und vereinbaren einen Termin im Fachgeschäft. Lilly soll wenigstens mal ein zweites Kleid anprobiert haben. Sie willigt ein. Ihren Freundinnen zuliebe.

Als sie den Brautmoden-Laden betreten, wartet die Verkäuferin bereits auf sie.

»Haben Sie irgendwelche Vorstellungen?«, fragt die Frau.

»Nein«, antwortet Lilly.

»So gar nicht?«, hakt die Verkäuferin etwas verwundert nach.

»Nein. Ich bin da vollkommen offen.«

Zehn Kleider schaffen es in die engere Wahl.

»Die sind alle schön«, sagt Lilly nach der Anprobe. »Doch so richtig umgehauen hat mich keines der Kleider.«

»Wie finden Sie dieses Exemplar?« In der Hand hält die Verkäuferin ein Kleid, das so pompös, so übertrieben ist, dass Lilly abwinkt.

»Okay, dann weiß ich, welches ihnen garantiert gefallen wird.«

Die Frau verschwindet, und Lilly wartet in der Kabine. Für das nächste Kleid muss sie die Augen schließen. Sie darf sich darin erst vor dem Spiegel sehen.

Dann ist der Moment gekommen. Als sie vor den Spiegel tritt, werden ihre Freundinnen ganz ruhig. Lilly öffnet die Augen.

»Ja«, sagt sie. Mehr Worte braucht es nicht.

Lilly entscheidet sich für ein Korsagenkleid im Meerjungfrauenstil, mit glitzerndem Tüllrock, Schleppe und Schleier. Und beschließt, das andere Kleid, das sie zuvor im Internet bestellt hat, zu verkaufen.

Eigentlich ist die Frage, warum Lilly ihr Kleid verkauft hat, hiermit beantwortet. Wie so viele Frauen hat sie im Hochzeitsvorbereitungsrausch mehr als ein Kleid gekauft. Das ist übrigens auch die häufigste Antwort, die ich auf meine unzähligen Anfragen bekommen habe: »Ich konnte mich nicht entscheiden, ich habe mir zwei (oder drei, oder vier, oder fünf) Kleider gekauft.«

Doch Lillys Geschichte ist noch nicht zu Ende. Wenige Wochen nach dem Brautkleidkauf – die junge Braut steckt mal wieder mitten in den Hochzeitsplanungen –, entdeckt sie zufällig den Aufruf einer Fernsehsendung, in der es um das Thema Hochzeiten geht. Gesucht werden Paare, die bei einer Hochzeitssendung mitmachen wollen. In der Show treten vier Brautpaare gegeneinander an. Dafür besuchen die Bräute jeweils die Hochzeiten der anderen und bewerten diese dann in fünf Kategorien: Brautkleid, Location, Essen, Stimmung und Gesamteindruck. Das Paar, das am Ende die meisten Punkte hat, gewinnt eine Luxusreise. Flitterwochen für lau sozusagen.

Lilly schlägt ihrem Verlobten vor, da mitzumachen, und der ist zu ihrer Überraschung sofort von der Idee begeistert. »Wir machen das auf jeden Fall. Wir haben sowieso die geilste Hochzeit. Wir werden gewinnen!«, ist seine euphorische Antwort. Sie bewerben sich und werden genommen. Im Zeitraum von sechs bis acht Wochen rund um ihre eigene Hochzeit soll Lilly nun die Hochzeiten von den drei anderen Bräuten besuchen und bewerten. Darüber hinaus gibt es einen Kennenlern-Dreh, um das Paar den Zuschauern vorzustellen.

Lilly und Marc stürzen sich voller Vorfreude in dieses Abenteuer. Doch nach dem ersten Drehtag sucht Marc das

Gespräch. Nur wenige Wochen vor der Hochzeit äußert er das erste Mal Zweifel an der Beziehung. Es sei nur so ein Gefühl, betont er noch, nichts Schlimmes. Und Lilly glaubt ihm.

Ein paar Wochen später ist Lilly dann das erste Mal Gastbraut. Sie verbringt einen tollen Tag mit den anderen Kandidatinnen und freut sich, diese schon bald wiederzusehen, denn in zwei Wochen soll bereits die nächste Aufzeichnung stattfinden. Dann sind Lilly und Marc mit ihrer Hochzeit an der Reihe.

Zeitgleich äußert ihr Verlobter erneut seine Zweifel. Lilly gerät in Panik, sucht so kurz vor der Hochzeit Rat bei einer Paartherapeutin. Doch auch die Therapeutin kann Marc nicht helfen. Sie kommt nicht an ihn heran, kann nicht analysieren, wo seine Ängste liegen. Sie findet nichts Greifbares, keine Anhaltspunkte, um seine Zweifel aus dem Weg zu räumen. Nach drei Sitzungen entlässt sie das Paar, ohne eine Lösung gefunden zu haben.

Fünf Tage vor der Hochzeit spitzt sich die Situation zu. Als Lilly von einem Kickerturnier nach Hause kommt, gibt sich ihr Verlobter, als wäre nichts passiert. Doch seine Zweifel sind nicht plötzlich verschwunden. Im Gegenteil. Lilly bleibt hartnäckig und bohrt nach. Sie will eine Entscheidung von ihm. Denn nur einen Tag später reisen bereits die ersten Gäste für die Hochzeit an, und auch das Filmteam und die Gastbräute stehen bereits in den Startlöchern.

»Willst du mich heiraten?«, fragt Lilly ihn.

»Ich weiß es nicht, vielleicht«, antwortet er etwas verlegen.

»Du kannst am Samstag nicht mit einem ›Vielleicht‹ antworten.« Lillys Stimme wird härter. Ihre Verzweiflung ist ihr deutlich anzumerken. »Du musst dich entscheiden.«

Doch von Marc kommt nichts. Er kann sich nicht entscheiden. Also fasst Lilly kurzerhand einen Entschluss:

»Dann sagen wir eben alles ab«, resigniert sie. »Aber du informierst die Gäste.«

Mit diesen Worten lässt sie ihn zurück und geht.

»Wenn es schwierig wird, dann hat er immer schon Scheuklappen aufgesetzt und den Kopf in den Sand gesteckt. Er hat gewartet, bis jemand anderes die Entscheidung für ihn getroffen hat«, sagt Lilly heute. Sie hätte es besser wissen müssen. Aber sie hat nie an ihm, an ihrer Liebe gezweifelt. »Er hat Macken, aber die hat doch jeder. Deswegen hätte ich nie daran gedacht, mich zu trennen. Im Gegenteil: Ich habe ihn mit all seinen Ecken und Kanten geliebt. Denn er hat mir alles gegeben, was mir wichtig war.«

Als Lilly am nächsten Tag ein paar Sachen aus der gemeinsamen Wohnung holt, sucht Marc noch einmal das Gespräch. Er will mit ihr reden, aber es scheint unmöglich für ihn, seine Vorstellungen und seine Wünsche klar zu äußern.

»War's das?«, fragt sie ihn, während sie dabei ist zu gehen.

»Das frag ich dich?!«, kontert er.

Lilly reicht's. »Wenn du mir nicht einmal sagen kannst, was du willst, ob du noch mit mir zusammen sein willst oder nicht, was soll ich dann noch hier?«

Auf diese Frage hat Marc keine Antwort. Er schweigt.

Lilly schlägt die Tür hinter sich zu. Sie will für Marc kein »Vielleicht« sein, kein »Eventuell«, kein »Mal sehen«, kein »Morgen« und auch kein »Ich weiß es nicht«. Sie will sein

»Hier und jetzt« sein. Und wenn Marc sich nicht entscheiden kann, ob er an ihrer Seite bleiben will oder nicht, dann soll es anscheinend keine gemeinsame Zukunft geben.

Als Lilly geht, wird ihr bewusst, welche Herausforderung noch vor ihr liegt. Sie muss dem Filmteam und den anderen Bräuten, die bereits in Kürze anreisen werden, offenbaren, was passiert ist. Sie muss sich die Blöße geben und sagen, dass ihr Traum, ihre Traumhochzeit, gerade geplatzt ist. Dass sie den Mann, den sie so sehr liebt, nicht heiraten wird. Sie atmet einmal tief ein uns aus und greift zum Telefon.

Das Filmteam reagiert zu Lillys Überraschung relativ gelassen auf die Schocknachricht – und sichert ihr zu, dass sie nicht noch einmal vor die Kamera muss. Dass ihre Hochzeit geplatzt und sie verlassen worden sei, müsse jedoch in der Sendung thematisiert werden. Nur so könnten die Zuschauer verstehen, warum es auf einmal ein Brautpaar weniger im Rennen um die Traumreise gebe. Für Lilly ist es das kleinere Übel.

Statt also vor der Kamera zu stehen und ihre Hochzeit mit all den Gästen, den anderen Bräuten und dem Filmteam zu feiern, stürzt sich Lilly in die Arbeit, lenkt sich mit Freunden ab, geht viel feiern und reist von Stadt zu Stadt. Sie schläft tagelang im Auto, bei Freunden, im Hotelzimmer, ist immer auf der Durchreise. Das Leben muss schließlich weitergehen, sagt sie sich. Sie beschließt, alles mit einem Lächeln loszulassen, anstatt es mit Tränen festzuhalten. Sie will sich nicht selbst bemitleiden, sich nicht in die Traurigkeit fallen lassen. Sie will leben. Jetzt. Und hier. Und sofort. Mit allen Sinnen.

Als Lilly mir davon erzählt, muss ich unweigerlich an Jennifer denken. Eine junge Frau, mit der ich während meiner Buchrecherche ein paarmal kurz Kontakt hatte. Denn ähnlich wie Lilly beschließt auch Jennifer, sich trotz ihrer geplatzten Hochzeit und der Enttäuschung, die sie erlebt hat, nicht die Lust am Leben nehmen zu lassen.

Jennifer ist beruflich viel im Ausland unterwegs. Sie ist eigentlich zufrieden mit ihrem Leben, doch für das komplette Glück fehlt ihr mit Anfang dreißig noch der passende Mann. Irgendwann lernt sie durch einen Zufall Matthias kennen. Endlich ist da jemand, der ihr zuhört, der immer für sie da ist, mit dem sie sich über Gott und die Welt unterhalten kann und der sie zum Lachen bringt.

Einige Telefonate und Treffen später steht für Jennifer fest: Der ist es. Sie ist von Kopf bis Fuß verliebt in diesen Mann. Und auch Matthias scheint überglücklich, Jennifer an seiner Seite zu haben. Voller Euphorie und Liebe plant das Paar seine Zukunft, mit Hochzeit, Haus und Kindern. Jennifer zieht sogar in Erwägung, ihren Job aufzugeben, um endlich sesshaft zu werden. Nach nur acht gemeinsamen Monaten folgt der Heiratsantrag. Jennifer schwebt auf Wolke Sieben.

Kurz nach der Verlobung, da hat Jennifer ihr Brautkleid gerade gekauft, kommt es das erste Mal zum Streit. Und weitere Auseinandersetzungen folgen. Bis Jennifer irgendwann heimlich nachts in das Handy ihres Verlobten schaut.

»Er war die ganze Zeit so komisch, ich hatte irgendwie ein ungutes Gefühl, ich wusste nicht, ob er noch ehrlich zu mir ist. Und außerdem war er ständig an seinem Telefon zugange«, erzählt sie.

Und als sie das Handy durchsucht, wird sie tatsächlich fündig.

»Er hat mit drei anderen Frauen geschrieben, ähnlich wie mit mir am Anfang. Er hat immer wieder seine Liebe beteuert und gemeinsame Pläne mit den anderen gemacht.« Jennifer kann es nicht glauben. Sie ist zutiefst verletzt. Wie kann er ihr das nur antun? Am nächsten Morgen konfrontiert sie ihren Verlobten mit den gefundenen Nachrichten. Und Matthias streitet es nicht ab. Also packt Jennifer ihre Sachen und geht.

Die ersten Tage stürzt sie sich in Arbeit, aber dann beschließt sie, ihr Leben komplett zu ändern. Zusammen mit einer Freundin schreibt sie eine To-do-Liste, gefüllt mit jeder Menge Vorsätze für die nächsten Monate, die sie nach und nach abhaken will.

Punkt 1 auf ihrer Liste: Ein Motorrad kaufen und damit durch Deutschland fahren.

Punkt 2: Brautkleid verkaufen.

Punkt 3: Einmal Bungeejumping ausprobieren.

Punkt 4: Umziehen, egal wohin.

Punkt 5: Typveränderung. Neue Frisur, neues Outfit.

Punkt 6: Ein neuer Job.

Punkt 7: In den Urlaub fahren.

Punkt 8: Ein Fotoshooting machen.

Punkt 9: Einen Kochkurs belegen.

Punkt 10: Shoppen gehen, ohne Limit.

Bei manchen To-dos ist sich Jennifer noch nicht sicher, ob und wann sie diese umsetzen will. In einem Punkt ist sie sich jedoch sofort sicher:

»Ich habe für einen kurzen Moment überlegt, ob ich mich jetzt in die Traurigkeit fallen lasse und im Liebeskummer versinke. Aber dann wurde mir klar, dass mein Leben dadurch nicht besser wird«, erzählt die junge Frau. »Also habe ich angefangen, mein Leben zu verändern oder vielmehr, mein Leben zu leben.«

Tatsächlich kauft sie sich ein Motorrad, stellt ihr Brautkleid zum Verkauf online und beschließt, in die Natur zu ziehen. Sie findet eine kleine Wohnung, und da sie ihren Job auch von zu Hause aus erledigen kann und ja sowieso die meiste Zeit unterwegs ist, zögert sie nicht. Sie gibt ihr altes Leben auf und zieht in ihre neue Wohnung, sechshundert Kilometer von ihrem alten Zuhause entfernt.

»Ich habe Stück für Stück angefangen, die Liste abzuarbeiten. Und es sind immer noch Punkte aufgelistet, die ich noch nicht angegangen bin. Aber das kommt sicher noch.«

Auch Lilly lenkt sich ab und bereut keinen ihrer Entschlüsse. Doch ihr Ablenkungsmanöver geht nur drei Monate gut. Dann kommt der Tag, an dem sie aus der gemeinsamen Wohnung auszieht. Doch so ganz ohne erneut mit Marc zu sprechen, will Lilly nicht gehen. Mit gepackten Sachen steht sie vor ihm. Dann sagt sie Marc noch einmal, dass sie ihn nicht aufgeben will, dass sie an ihre Liebe glaubt. Beide nehmen sich in den Arm, es fließen Tränen. Marc entschuldigt sich.

»Manchmal frage ich mich, wenn ich damals die Arschbacken zusammengebissen und dich einfach geheiratet hätte, wie es dann heute wäre. Ich bin mir ziemlich sicher, wir hätten das alles auf die Reihe bekommen«, sagt er zum Abschied.

Lilly hält kurz inne.

»So eine Liebe und Verbundenheit, wie wir hatten, wie wir füreinander gefühlt haben, so etwas gibt es nur einmal. Es hätte nichts auf der Welt gegeben, worüber ich gesagt hätte, das schaffen wir nicht.«

Lilly geht einen Schritt auf Marc zu, doch er weicht zurück.

»Lass es uns noch einmal probieren! Wenn wir scheitern, dann stehen wir genau da, wo wir jetzt stehen, dann haben wir nichts verloren. Und wenn es klappt, dann gewinnen wir nur. Lass es uns probieren. Denk drüber nach.«

Marc schweigt. Wieder einmal. Lilly spürt, wenn sie Marc so sehr davon überzeugen muss, bei ihr zu bleiben, dann hat ihre Beziehung keine Chance mehr. Dann ist jetzt der Moment gekommen, um zu gehen. Denn keine Antwort ist wohl gleichzeitig auch die eindeutigste Antwort.

Lilly verabschiedet sich also endgültig von der Hoffnung auf eine gemeinsame Zukunft. Sie verlässt Marcs Welt. Für immer. Und in diesem Moment realisiert sie das erste Mal, was wirklich passiert ist. Und das erste Mal lässt sie ihre wahren Gefühle zu.

»Es gab keinen Grund, die Hochzeit abzusagen, keinen Grund, sich zu trennen. Diese Liebe war wunderbar. Diese Liebe war unendlich. Das ist das Schwerste daran, dass ich nicht verstehen kann, warum er uns aufgegeben hat«, sagt Lilly leise. Sie blickt nach unten auf den Boden. Ich merke ihr ihre Enttäuschung an. In Momenten wie diesen, wenn Lilly viel über Marc spricht, so meine ich es zwischen den Zeilen herauszuhören, wünscht sie sich vielleicht insgeheim doch, er würde eines Tages vor ihrer Tür stehen, ihre Hand nehmen, sie um Verzeihung bitten und sagen: »Komm wir gehen … lass uns glücklich sein.«

Monate sind seit der Trennung von Marc und Lilly inzwischen vergangen. Ab und zu haben die beiden Kontakt, sehen sich, sprechen miteinander. Doch es passiert nichts. Marc macht keine Anstalten, Lilly zurückzuholen, obwohl er zeitgleich anderen gegenüber äußert, wie sehr ihm Lilly fehlt, dass er so eine Frau nie wieder bekommen wird.

Und gerade, als es Lilly bessergeht, wird sie von der Vergangenheit erneut eingeholt. Denn die Fernsehsendung, bei der sie und Marc mitgemacht hatten und von der sie gehofft hatten, dass sie ihnen vielleicht eine Traumreise beschert, wird zur besten Sendezeit ausgestrahlt. Zu sehen sind Lilly und Marc im Liebesglück, Lilly auf der Hochzeit von Braut Nummer eins und dann ein Zusammenschnitt aus Bildern, der den Zuschauern begreiflich machen soll, dass Lilly so kurz vor ihrer Hochzeit sitzengelassen wurde.

Und mit der Ausstrahlung kommen die Schlagzeilen. Das Internet ist voll mit Artikel zu der Sendung. Überschriften wie »Eklat in Heiratsshow«, »Verlobter lässt Lilly kurz vor der Hochzeit sitzen« oder »Lillys Traumhochzeit fällt ins Wasser« reihen sich aneinander.

Auch wenn Lilly selbst sagt, dass sie das alles gar nicht so mitbekommen habe, glaube ich, dass dieser Tag der Ausstrahlung ein erneuter Rückschlag für die junge Frau gewesen sein muss. Plötzlich sieht die ganze Nation, wie ihr Traum zerplatzt, plötzlich ist ihre Geschichte in aller Munde. Auch ich habe damals die Schlagzeilen gelesen, mitten in meinen eigenen Hochzeitsvorbereitungen. »O Gott, was ist, wenn mir das auch passiert«, habe ich damals gedacht. Und im selben Moment habe ich diesen Angstgedanken weggeschoben. Ganz weit weg.

Lilly übersteht diese Zeit und verliert trotz der großen Enttäuschung nicht den Glauben an die Liebe. Und so beschließt sie, ihr Traumkleid, im Gegensatz zu ihrem ersten Kleid aus dem Internet, zu behalten und vorerst nicht zu verkaufen.

»Das ist mein Kleid, ich habe das Kleid ja auch für mich gekauft. Und solange es mir optisch gefällt, werde ich dafür einen Platz in meinem Kleiderschrank finden. Und wer weiß, vielleicht heirate ich ja irgendwann doch noch darin.«

Und wie die Hochzeit aussehen soll, weiß Lilly auch schon.

»Am besten hat der Mann den Hochzeitstermin bereits festgelegt und fragt mich dann direkt vor dem Standesamt, ob ich ihn heiraten will.«

Willkommen im Hochzeitswahn

Es ist passiert. Einfach so. Ich habe dabei zugesehen und konnte irgendwie nichts dagegen tun. Ich stecke nun tiefer im Hochzeitsrausch als noch vor ein paar Wochen. Obwohl ich eigentlich dachte, knietief sei schon genug und es geht nicht noch tiefer, muss ich ehrlich sein: Ich bin hochzeitswahnsinnig geworden. Denn neben meiner Buchrecherche, der Planung und Organisation meiner eigenen Hochzeit, habe ich nun auch noch angefangen, als Hochzeitsfilmerin zu arbeiten. Als hätte ich noch nicht genug zu tun. Verrückt, oder? Woher kommt nur plötzlich die Leidenschaft für dieses Thema?

Ich kann es mir selbst nicht erklären. Den Auslöser dafür, dass ich mich jetzt auch noch filmisch mit dem Thema Hochzeiten auseinandersetze, bringt jedenfalls eine weitere Hochzeitsmesse mit sich, die ich dieses Mal mit meinem Verlobten Jonas besuche.

Es ist keine gewöhnliche Messe, sondern eine, bei der sich alles um das Thema Vintage-Wedding dreht. Also: Heiraten in einem etwas anderen Stil. Nicht ganz so klassisch, sondern mit Akzenten aus früheren Jahrzehnten. Mit altem Porzellan, rustikalen Möbeln, Blumenkränzen für das Haar, wilden, breitgefächerten Blumensträußen und Hochzeitstorten ohne

Fondant, sogenannten Naked Cakes. Also eben nicht mit roten Rosen, Stuhlhussen, Tischläufern oder steifen Blumengestecken. Stattdessen paaren sich hier aktuelle Design-Elemente mit dem Glanz und Glamour von damals.

Auch mein Herz schlägt inzwischen für genau diese Mischung. Jonas und ich haben uns mittlerweile für eine Location entschieden, eine alte, leerstehende Scheune mit einem kleinen Garten, in dem die freie Trauung stattfinden wird. Wir haben farbenfrohe Holzmöbel organisiert, es wird keine Kellner, keine Tischdecken und auch keine steifen Blumengedecke geben, sondern stattdessen bunte Wildblumen, handgemachte Deko und Selbstbedienung.

Der Hochzeitsrausch, der inzwischen fast meinen gesamten Tagesablauf bestimmt, hat auch negative Auswirkungen auf mich. Okay, es sind eigentlich wirklich harmlose Entwicklungen, die sich da so langsam, aber sicher in mein Leben schleichen. Denn sie wirken sich nicht direkt auf mich als Person aus, oder zumindest nur unterschwellig, sondern vielmehr auf meine finanzielle Situation. Das realisiere ich, als ich mal wieder vor meinem Laptop sitze und das Internet nach neuen Dekotrends durchforste. Für unsere Hochzeit.

Hinter mir an der Wohnzimmerwand und im Keller stapeln sich mittlerweile unzählige Kartons, voll mit Hochzeitsgedöns, das ich bereits gekauft habe. Den Überblick über den Inhalt dieser Kartons habe ich längst verloren. Je näher die Hochzeit rückt und je größer die Aufregung wird, desto mehr zweifele ich nun auch an meinem Brautkleid. Ich habe es immer noch nicht zur Schneiderin gebracht, stattdessen hängt es gutgeschützt in einem Kleidersack im Schlafzimmer. Anstatt aber das Problem einfach anzugehen, checke ich lieber jeden Tag den Wetterbericht, was acht Wochen vor der Hochzeit eigentlich nicht so richtig Sinn macht. Aber das ist mir irgendwie egal. Der Sinn für die Realität ist mir inzwischen abhandengekommen. Ich schwebe auf dieser Hochzeitswolke, und da gehört der tägliche Wetter-Check irgendwie dazu.

»Ich werde in der Hitze zerfließen mit meinem bodenlangen Kleid, das auch noch lange Ärmel hat«, sage ich an diesem Sonntagmorgen zu Jonas. Ich halte ihm mein Handy direkt vors Gesicht. »Die Wetter-App sagt, es sollen über dreißig Grad werden.«

Jonas versucht, mich zu beruhigen, erklärt mir voller Geduld und Liebe, dass diese Vorhersage gar nicht sicher ist. Ich weiß das natürlich, tief in meinem Inneren. Dennoch bin ich mir sicher: Ich brauche einen Plan B. Ich brauche ein anderes Kleid. Und zwar sofort.

»Ich brauche ein neues Kleid«, wiederhole ich meine Gedanken. »Eins, das luftiger ist. Irgendwie sommerlicher. Und das zum Wetter passt.«

»Bring erst mal das andere Kleid zum Schneider. Vielleicht bist du dann auch ruhiger. Und wenn du dann immer noch meinst, du brauchst ein weiteres Kleid, dann werden wir schon eins finden.« Recht hat er.

Mein Traumbrautkleid, das mit der Häkelspitze, zieht sich hinten am Reißverschluss immer noch etwas zusammen. Ich hatte gehofft, dass ich durch den ganzen Hochzeitsstress vielleicht etwas abnehmen würde, doch Pustekuchen. Ich bin wohl die einzige Braut da draußen, die vor ihrer Hochzeit an Gewicht zunimmt, statt welches zu verlieren.

197

Ja, ich habe zugenommen. Fünf Kilo. Das ist jetzt nicht die Welt. Aber es macht die Situation mit meinem Kleid auch nicht wirklich besser. Im Gegenteil: Das Problem hat sich dadurch eher verschlimmert.

Also bleibt mir nichts anderes übrig, als mich auf den Weg zur Schneiderin zu machen, deren Laden nur ein paar Häuserblocks entfernt liegt. Als ich das Geschäft betrete, begrüßt mich die Frau hinter dem Tresen. Ich erkläre ihr kurz mein Problem. Sie lächelt, nickt und zeigt mir anschließend den Weg in die kleine Umkleide, in der ich das Kleid anziehen soll. Gesagt, getan.

In meinem Brautkleid komme ich wenig später aus der Kabine. Die Verkäuferin hat da bereits ein Kissen mit Stecknadeln in der Hand, legt es jedoch noch einmal kurz zur Seite. Dann zupft sie an der Rückseite meines Kleides herum, nimmt erst die linke Seite, dann die rechte Seite hoch, schaut sich das Unterkleid an, zieht mal hier und mal da, macht den Reißverschluss auf und wieder zu. Dabei redet sie ganz leise vor sich hin.

Und dann beginnt sie zu lächeln.

»Ich habe das Problem gefunden.« Sie schaut mich an.

»Ihre Hüfte ist zu breit«, verkündet sie voller Stolz.

Sind das jetzt gute Nachrichten? Ich weiß in diesem Moment nicht, ob ich lachen oder weinen soll. Meine Hüften sind zu breit. Joa. Gibt Schöneres.

»Wir müssen das Kleid weiter machen, sehen sie hier«, fährt die Schneiderin fort und deutet auf die seitlichen Nähte des Unterkleides. »So etwa fünf Zentimeter auf jeder Seite.«

Augenscheinlich, so erklärt sie mir, sei das Unterkleid zu

eng, es würde zu straff sitzen, da meine Hüfte im Gegensatz zu meiner Taille einfach zu breit sei. Dadurch würde sich der Reißverschluss verziehen und das Kleid hochrutschen. Und dadurch würde es hinten eben nicht richtig sitzen.

Die Änderungen würden in einer Woche fertig sein, dann könne ich das Kleid wieder abholen. Etwas geknickt verlasse ich den Laden. Gut, dass direkt gegenüber ein Bäcker ist.

Astrid

Manchmal fühle ich mich wie unsichtbar. Ja, manchmal habe ich wirklich das Gefühl, einfach nicht wahrgenommen zu werden. Tagein und tagaus gehen Menschen, jung und alt, an mir vorbei, würdigen mich aber keines Blickes. Vielleicht bin ich zu unscheinbar, denke ich an diesem Samstagmorgen. Ich schaue an mir herunter. Mein Blick fällt auf die vielen kleinen Strasssteine und Pailletten, die den Bereich zwischen Brust und Bauchnabel zieren und die im Licht der Sonne funkeln. Nein, unscheinbar bin ich wahrlich nicht.

Es ist ein sonniger Samstagmittag im Mai, ich kann die Wärme der Sonne durchs Fenster spüren. Ich beobachte die vielen Passanten, die mit Tüten bepackt die Fußgängerzone entlangspazieren. Ich bin wie viele hier drinnen und da draußen, denke ich. Ich habe Träume. Ich sehne mich nach diesem einen großen Augenblick. Dieser eine Moment, in dem alle Augen auf mich gerichtet sind. Doch schon lange frage ich mich, ob dieser eine Tag überhaupt noch kommen wird. Langsam beginne ich zu zweifeln.

Just in diesem Augenblick öffnet sich die Ladentür des Brautmoden-Ladens, in dem auch ich mich befinde. Hinein tritt eine Frau, vielleicht so Mitte vierzig, mit langen brünetten Haaren. Sie sieht freundlich aus, aber auch ein bisschen unsicher. Nach einem kurzen »Hallo«, und ohne die Reaktion der Verkäuferin abzuwarten, schweift ihr Blick durch den Raum. Sie scheint fasziniert von all den Kleidern, die den Laden füllen. Manche werden fein säuberlich direkt hintereinander aufgehängt, so dass man nur die Schulter- und Seitenpartie erhaschen kann. Andere werden frontal, gut sichtbar für die Kundin, präsentiert, als Blickfang.

Für welches Kleid sich die Kundinnen entscheiden werden, kann wohl niemand wirklich beeinflussen. Die meisten Frauen, die den Laden hier betreten, das konnte ich beobachten, haben bereits eine konkrete Vorstellung davon, wie ihr Traumkleid aussehen soll. Andere haben jemanden dabei, der sich bereits im Vorfeld Gedanken gemacht hat und der wiederum eine genaue Vorstellung davon hat, was geht und was nicht geht. So ein Brautkleid-Kauf will schließlich gut überlegt sein.

Ich beobachte die Frau. Ihr Blick wechselt nun etwas schneller von links nach rechts. Dann lächelt sie. Es wirkt, als könne sie ihr Glück kaum fassen. Ihr Glück, hier zu sein.

»Ich bin sechsundvierzig Jahre, es ist meine vierte Ehe«, höre ich die Frau zur Brautkleid-Beraterin sagen. Doch noch nie habe sie in Weiß geheiratet.

»Wir werden schon das Passende für Sie finden«, antwortet die Verkäuferin. »Wir haben für jeden Geschmack etwas dabei.«

Die Brünette nickt, und ihr Blick schweift wieder durch den Raum.

Und da ist er, dieser Moment, den ich schon so oft beobachtet habe. Immer, wenn Frauen, die diesen Laden betreten, das EINE Brautkleid sehen, verändert sich ihre Mimik – und manchmal auch ihre Gestik. Die Frauen agieren dann schneller, ja, aufgeregter. Auch die Brünette scheint etwas gesehen zu haben. Ich kann ihrem Blick für einen kurzen Moment nicht ganz folgen. Dann schaut sie genau in meine Richtung, und ihre Augen leuchten. Meint sie etwa mich? In mir steigt die Aufregung.

»Jetzt geht mein Traum in Erfüllung«, sagt die Frau leise, eher zu sich selbst als zu der Verkäuferin. Ein paar Worte mit so einer großen Bedeutung. Auch für mich.

Es vergeht ein kurzer Moment, ich hänge gedanklich gerade mal wieder in einer Art Paralleluniversum fest, da sehe ich, wie die Verkäuferin und die Brünette in meine Richtung, ja, auf mich zugehen. Sie unterhalten sich eher beiläufig über die Brautkleid-Vorlieben der Brünetten. Doch es scheint, als habe die zukünftige Braut schon eine genaue Vorstellung davon, wie ihre Hochzeit werden soll. Und es scheint, als sei ich Teil dieser Idee.

Ein paar Sekunden später steht die Frau dann direkt vor mir. »Nimm mich, nimm mich«, würde ich in diesem Moment am liebsten laut schreien. Aber sie würde mich eh nicht hören und deswegen harre ich lieber aus und schaue, was passiert.

Und dann passiert das, was ich bereits vermutet hatte. Es ist so, wie es immer ist: Sie greift sich das Kleid direkt neben mir. Das, was frontal den potentiellen Käuferinnen präsentiert wird, deren ganzer Glanz sich über den Laden ausbreitet.

Die Brünette lächelt. Ja, sie strahlt sogar. Ihre Augen leuchten. Als die Verkäuferin in Richtung Umkleide deutet, nickt sie und lächelt wieder.

Dann passiert etwas, was ich als schicksalshaft bezeichnen würde. Im Brautkleid verlässt die Kundin die Umkleide, stellt sich vor den Spiegel und schüttelt den Kopf. Ich atme auf. »Nee, das gefällt mir nicht. Irgendwie glänzt es so komisch«, sagt sie zur Verkäuferin. Ja, eins zu null für mich. Ich habe doch gesagt, der Glanz des Kleides war selbst in der hintersten Ecke des Ladens noch sichtbar. Für eine Frau wie diese aber, die etwas unsicher wirkt, ist solch ein Kleid nicht das Richtige. Aus Erfahrung weiß ich, dass sie ein ruhigeres, zurückhaltenderes Kleid braucht. Ein Kleid, wie ich es bin.

Die Brünette geht also zurück in die Umkleide und macht sich angezogen erneut auf die Suche. »Diesmal klappt es, diesmal klappt es«, rede ich mir zu. Und meine Gebete werden tatsächlich wenig später erhört.

Okay, ich bin nicht das einzige Kleid, das in der engeren, zweiten Auswahl ist. Aber ich bin immerhin mit dabei. An diesem Samstagmittag im Mai darf ich nach langer Zeit mal wieder die Umkleide von innen sehen. Und ich habe sogar doppelt Glück. Denn ich bin nicht nur in der engeren Wahl, nein, ich werde sogar als Erstes anprobiert. Das ist nicht selbstverständlich, denn manchmal werde ich zwar mit in die Kabine genommen, jedoch gar nicht erst angezogen. Denn die Braut hat dann meistens schon das Kleid gefunden, indem sie »Ja« sagen will. Und ich werde nicht mehr gebraucht.

Heute ist alles anders. Mit Hilfe der Verkäuferin schmiege ich mich an den Körper der Brünetten. Ich gebe mein Bestes, um ihr ein gutes Gefühl zu geben. Ich möchte, dass sie sich wie eine wundervolle Braut fühlt, mich voller Stolz und Selbstbewusstsein trägt. »Fühlt sich gut an«, höre ich sie sagen.

Nachdem die Rückenschnürung festgezogen ist – jetzt sind wir wirklich eng miteinander verbunden –, tritt sie erneut vor den großen Spiegel, der im Laden hängt. Sie hat mich tatsächlich angezogen, und das fühlt sich verdammt gut an. Mit der Seide, aus der ich geschneidert wurde, schmeichle ich ihrer eher gradlinigen Figur. Brust, Taille und Hüfte werden von mir leicht betont und in Szene gesetzt. Dafür bekomme ich einen bewundernden Blick zugeworfen. Und auch wenn ich ein trägerloses Kleid bin und die Brünette sich eigentlich eins mit Ärmeln gewünscht hatte, gefalle ich ihr wohl. Gemeinsam drehen wir uns vor dem Spiegel von links nach rechts und zurück.

Ich bin sofort entzückt von der Brünetten. Und auch sie scheint begeistert. Während sie so vor dem Spiegel steht, mich ganz sanft berührt und mich genau betrachtet, erzählt sie der Verkäuferin von ihrer Hochzeit. Mit mir an ihrer Seite fühlt sie sich scheinbar sicher. Die Worte sprudeln nur so aus ihr heraus.

Sie habe ihren Verlobten über eine Freundin kennengelernt, sagt sie. Er sei zwar ein sehr ruhiger Typ, doch total charmant. Er würde sie auf Händen tragen, ihr Geschenke kaufen, sie glücklich machen. Ja, sogar Tarotkarten hätten die beiden zusammen gelegt, das Universum befragt.

»Und dann hat er gesagt: Du bist meine Traumfrau, willst du mich heiraten?«

206

Sie habe sofort »Ja« gesagt, erzählt die Brünette weiter. Dieses Mal, bei Ehe Nummer vier, soll endlich alles gut werden.

Die Verkäuferin lächelt, nickt. »Wollen Sie die anderen Kleider auch noch anprobieren?«, fragt sie dann.

»Das Kleid gefällt mir wirklich sehr, aber vielleicht ist es gut, noch weitere Kleider anzuprobieren. Um zu sehen, was es noch so alles gibt.«

»Hallo, ich bin dein Traumkleid. Hallo. Hier. Ich bin es.« Ich kann es nicht fassen. Warum will sie noch weitere Kleider anprobieren, wo sie doch mich haben kann? Aber das ist eben das Dilemma, wenn in einem Laden wie diesem hier über zweihundert Kleider hängen. Wer soll sich da direkt entscheiden wollen? Warum sollte sich hier jemand mit der Anprobe eines Brautkleides zufriedengeben, wenn man theoretisch alle anprobieren könnte?

Ich versuche, Ruhe zu bewahren, und mache bei jedem Kleid, das der Brünetten nicht gefällt, einen kleinen Freudentanz. Es dauert noch ein paar weitere Kleider, dann ist sich die Brünette sicher. Sie will zwischen zwei Kleidern wählen: einem kurzen Kleid aus Spitze und mir. Das andere Kleid und ich haben auf den ersten Blick nichts gemeinsam, außer dass wir fürs Heiraten kreiert worden sind.

»Ich würde gerne beide Kleider noch einmal anprobieren«, sagt sie dann.

Die Verkäuferin nickt, schaut dann kurz auf die Uhr. »Okay, wir haben noch zwanzig Minuten, dann habe ich den nächsten Anprobetermin.«

Durch diese Aussage möchte das Verkaufspersonal natürlich ein bisschen Druck auf die potentielle Käuferin ausüben.

Wie ich finde, ist das ein nicht ganz faires Mittel, aber eben gängige Praxis. Denn der Laden muss ja auch seinen Umsatz machen, und sonst könnten die potentiellen Bräute hier ja Stunden oder Tage verbringen, also tatsächlich jedes Kleid einmal anprobieren, ohne dann aber im Endeffekt etwas zu kaufen. Ich habe sogar mal von Brautmoden-Läden gehört, die nur für die Anprobe Geld nehmen. Dieser Betrag wird dann als Art Anzahlung gesehen und dann, sollte sich die Braut für den Kauf eines Kleides entscheiden, mit dem Endpreis verrechnet. Tja, Sachen gibt's. Aber so funktioniert eben die Hochzeitswelt. Es ist nicht alles so romantisch, wie es klingt. Auch in diesem Dienstleistungsbereich geht es vielen in erster Linie um den Profit.

Mir ist das egal. Ich möchte eine Braut glücklich machen. Dafür wurde ich entworfen. Auf diesen Tag warte ich schon sehr lange, und heute habe ich endlich die Möglichkeit, mich zu beweisen.

Als die Brünette also zusammen mit der Verkäuferin zurück in die Umkleide geht, probiert sie zunächst das kurze Kleid noch einmal an. Als sie vor den Spiegel tritt, höre ich, wie sie die Vorzüge des Kleides lobt. »Das ist so leicht und irgendwie mag ich, dass es nur bis zum Knie geht. Obwohl, kann ich das in meinem Alter überhaupt noch tragen?«

Die Verkäuferin beruhigt sie. »Natürlich, wenn sie sich darin wohlfühlen. Das ist das Wichtigste.« Doch es wirkt, als könne sie damit die Zweifel der Braut nicht auslöschen.

»Okay, ich ziehe das andere Kleid noch einmal an«, sagt sie und wirkt dabei etwas geknickt.

So gemein das auch klingt: Aber ich freue mich darüber.

Wenn sie das kurze Kleid nicht ihrem Alter angemessen findet, dann ist das meine Chance.

Nachdem das andere Kleid wieder auf dem Bügel an der Kleiderstange hängt, bin also ich erneut an der Reihe. Wieder versuche ich, der Brünetten das bestmögliche Gefühl zu verleihen. Ich schmiege mich an ihren Körper, lasse sie die Seide fühlen, gebe ihr durch die Schnürung aber zugleich auch Halt und Sicherheit.

Und dann, wenige Minuten später, geht mein Wunsch endlich in Erfüllung. Ich sehe, wie sich die Augen der Frau mit kleinen Tränen füllen. Sie strahlt.

»Ich glaube, das hier ist es.«

Ihre Worte erfüllen den Raum. Sie hat sich entschieden. Für mich.

Es vergehen noch ein paar weitere Minuten, dann lande ich gutverpackt in einem Kleidersack. Es folgt die Bezahlung und endlich darf ich, nach Jahren des Wartens, einer gefühlten Ewigkeit also, das Brautmoden-Geschäft verlassen.

Auf mich und die Brünette wartet eine Trauung in einer kleinen Kapelle im Westerwald, bei der ich der Blickfang sein soll. Der Hingucker einer klassischen, aber modernen Hochzeit, die in genau sechs Monaten stattfinden wird. Ich soll mit einer Hochsteckfrisur, weißen Ballerinas mit Strass-Applikation, einem schlichten Brautbeutel und einem Strauß aus Rosen und Dahlien vervollständigt werden. Was für eine wundervolle Vorstellung. Endlich frei, denke ich.

Fünf Monate später ist von der Freude und Euphorie nicht mehr viel übrig. Direkt nach dem Kauf hat mich die Brünette, die übrigens Astrid heißt, im Kleidersack in einer Box im Kleiderschrank verstaut. Doppelt versteckt also. Ich soll eine Überraschung sein, hat sie zu mir gesagt. Weil die Tradition es so vorsieht, dass mich (fast) niemand vor meinem großen Auftritt zu Gesicht bekommt. Mir gefällt der Gedanke.

Und von Zeit zu Zeit schaut Astrid nach, ob ich noch da bin. Manchmal öffnet sie den Deckel der Box, schaut mich an und berührt mich kurz. In dem festen Glauben, ich sei ein Kleid, an das sie zurückdenken und lächeln könne.

Doch nach fünf Monaten ist von mir, ihrem Traum in Weiß, nicht mehr viel übrig. Also physisch existiere ich natürlich schon noch. Aber die Gedanken an mich schmerzen. Ich bin zum Albtraum mutiert. Ich bin ein Sinnbild der Wut, Traurigkeit, Nachdenklichkeit und Hoffnungslosigkeit. Eine Enttäuschung.

Denn die Beziehung zu ihrem Verlobten ist gescheitert. Vor kurzem war eine Freundin der Brünetten zu Besuch. Zusammen sprachen sie über die Hochzeit. Ich habe genau zugehört. Denn ich wollte möglichst viel erfahren über den Tag, der auch mein großer Tag werden sollte. Irgendwie hatte ich zwar längst ein komisches Gefühl, denn die Brünette hatte mich lange nicht mehr aus meiner Verpackung befreit, aber ich habe immer noch fest daran geglaubt, dass es in wenigen Wochen so weit sein würde. Doch anstatt von den Hochzeitsplänen zu erzählen, fängt die Brünette auf einmal an zu weinen. Sie erzählt ihrer Freundin von dieser anderen, aggressiven Seite ihres Verlobten. Von den Momenten, in denen er dominant wird, sie anschreit, ihr mit Prügel droht. Fast acht

Monate hat sie durchgehalten, immer wieder gehofft, dass er sich ändern würde. Doch das tat er nicht.

Nun hat sie einfach keine Kraft mehr. Ihre romantische Vorstellung von einer gemeinsamen, glücklichen Zukunft mit diesem Mann weicht der Erkenntnis, dass es kein »Wir« mehr geben kann. Sie zieht die Notbremse zum Selbstschutz und trennt sich.

»Ich habe ihm gesagt, wenn er so weitermacht, dann werde ich die Beziehung beenden.« Doch ihr Verlobter will sich gar nicht ändern. Als sie das zu ihm sagt, lacht er sie aus.

»Und dann habe ich Ernst gemacht. Das war's. Der Traum ist ausgeträumt.«

Die Freundinnen nehmen sich in den Arm.

»Es ist vorbei«, sagt Astrid noch einmal.

Es ist vorbei, denke ich. Auch für mich.

Katrin

Es ist kurz nach zehn Uhr. Ich habe fast drei Stunden im Auto verbracht, um hierherzukommen. Schon aus der Ferne sehe ich das kleine magentafarbene Haus.

»Genau wie Katrin es beschrieben hat«, denke ich mir und fahre auf die Auffahrt.

Ich schalte den Motor aus, packe meine Sachen zusammen und steige dann aus. Ich laufe die wenigen Schritte bis zur Eingangstür. Als ich gerade klingeln will, öffnet mir Katrin bereits die Tür. Sie lächelt mich an, und wir umarmen uns zur Begrüßung.

Es ist ein paar Wochen her, dass ich Katrins Anzeige aufgespürt habe. Es ist eine dieser Verkaufsanzeigen, die nicht viel verraten. Katrin beschreibt darin ihr Brautkleid mit all seinen Raffinessen: Duchesse-Stil, Tüll, Taft, verziert mit Swarovski-Steinen und Applikationen. Dazu gibt es ein einziges Foto. Ich nehme mit Katrin Kontakt auf, schreibe ihr eine Nachricht. Und bin erstaunt, dass sie mir innerhalb von wenigen Minuten antwortet. Als ich ihre Zeilen lesen, bekomme ich Gänsehaut.

»Mein Brautkleid ist ungetragen, weil das Schicksal es aus irgendeinem Grund versaut hat«, sagt Katrin. Sie lächelt etwas verlegen, in ihrer Stimme schwingt ein Hauch Wehmut mit.

Wir sitzen in ihrer Küche. Katrin hat uns einen Tee gemacht, dazu gibt es Kuchen und Kekse. Wir wechseln ein paar Worte, sprechen über die Autofahrt, das kleine Örtchen, in dem sie aufgewachsen ist und auch heute noch wohnt, über ihr Zuhause. Irgendwann kommen wir auch auf Mike zu sprechen, ihre große Liebe. Und mit dem Themenwechsel wechselt auch Katrins Stimmung. Es fällt ihr nicht leicht, über das Erlebte zu sprechen. Die Erinnerungen an ihre gemeinsame Zeit mit Mike schmerzen, das spüre ich sofort.

Katrin und Mike lernen sich im Teenie-Alter kennen. Er ist der Bruder ihrer besten Freundin. Doch erst Jahre später funkt es zwischen den beiden. Der große, starke Mann mit den kurzen blonden Haaren lässt Katrins Herz schneller schlagen. Er bringt sie zum Lachen. Er ist für sie da, wenn sie ihn braucht. Katrin ist sofort fasziniert von seiner ehrlichen und offenen Art.

»Ich wusste, dass ich mich immer auf ihn verlassen kann. Dass er immer für seine Familie da sein würde«, erzählt sie mir.

Wir sind inzwischen von der Küche ins Wohnzimmer gewechselt. An der Wand über der Couch hängen Familienfotos. Ich entdecke auch ein gemeinsames Bild von Mike, Katrin und ihren beiden Kindern. Die vier lächeln in die Kamera, sehen glücklich aus.

»Schon nach kurzer Zeit sind wir dann zusammengezogen«, erzählt Katrin weiter und reißt mich aus meinen Gedanken.

215

Das Paar genießt die gemeinsame Zeit, unternimmt viel. Ihre Beziehung ist harmonisch, und für Katrin gibt es keine Zweifel mehr daran, dass Mike der richtige Mann für sie ist. Mit ihm möchte sie ihr Leben verbringen, eine Familie gründen.

Es dauert nicht lange, dann geht ihr Wunsch in Erfüllung. Mike und sie bekommen erst einen Jungen und dann ein Mädchen. Und mit den Kindern wächst plötzlich auch der Wunsch, ihre Liebe ganz offiziell besiegeln zu lassen. Also beschließen Katrin und Mike, nach fünf Jahren Beziehung zu heiraten. Voller Freude planen die beiden ihre standesamtliche Hochzeit. Sie beschließen, diesen Moment erst einmal nur als Familie, also ausschließlich mit ihren beiden Kindern, zu zelebrieren. Und auch nicht in ihrem Heimatort, sondern am Timmendorfer Strand. Für ihre Freunde und ihre restliche Verwandtschaft soll die Hochzeit eine Überraschung sein. Daher behalten sie ihre Pläne zunächst für sich. Der Moment der Trauung soll ganz ihnen gehören.

Zu viert machen sie sich also auf den Weg in Richtung Standesamt – und wenig später ist ihre Liebe dann offiziell besiegelt.

»Auf der einen Seite habe ich gedacht, vielleicht wäre es doch gut gewesen, wenn wir die Liebsten dabeigehabt hätten«, erinnert sich Katrin. Dann lächelt sie. »Aber dass es so ganz unter uns, so intim war, hat uns auch sehr gefallen.«

Obwohl Katrin vorher nie von ihrem Brautkleid und ihrer Hochzeit geträumt hat und sich nicht, wie viele andere Frauen, alle Details schon vorher ausgemalt hat, löst die standesamtliche Trauung etwas in ihr aus. Auf einmal verspürt sie

216

eine innerliche Freude, die kaum zu bremsen ist, so ein Kribbeln, wenn sie an das Thema Heiraten denkt.

Beflügelt von dem Moment wünscht sie sich eine zweite Hochzeit – diesmal mit Kirche, Familie und Freunden. Katrin sehnt sich nach einer Trauung in einem Schloss, »so wie eine Prinzessin«. Mit einer großen Feier. Ein ganz besonderer Tag, um noch einmal ihre Liebe zu feiern.

Das passende Brautkleid dazu findet Katrin weder über das Internet noch in einem Brautmoden-Laden, sondern über eine gute Freundin. Denn die hat einen Online-Shop für Brautkleider und daher auch bei sich zu Hause immer eine kleine Auswahl hängen. Also beschließt Katrin, zu ihr zu fahren. Gemeinsam durchforsten beide die vorrätigen Modelle, und Katrin probiert ein erstes Kleid an. Und obwohl sie nie geglaubt hat, dass es diesen Aha-Moment wirklich geben kann, verspürt sie direkt beim ersten Kleid ein Glücksgefühl, das sie vorher so nicht kannte.

»Ich habe sofort gesagt, das nehme ich, das passt, das ist meins«, erinnert sie sich.

Katrin entscheidet sich spontan für eine A-Linie mit Neckholder, Schnürung am Rücken und Swarovski-Steinen. Ein wahr gewordener Mädchentraum – perfekt für ihre geplante Prinzessinnen-Hochzeit. Preis: über eintausend Euro. Dazu will sie ein Diadem und Handschuhe tragen, ihre Haare sollen hochgesteckt werden.

Ob Mike das Kleid wohl gefallen hätte?

»Ich weiß nicht genau, ob es ihm nicht zu viel Klimbim gewesen wäre«, sagt Katrin. Ihre Stimme ist auf einmal ganz sanft, sie wirkt etwas verlegen.

Auch ich zögere. Hätte ich diese Frage besser nicht stellen sollen?

Dann lächelt Katrin. »Ich glaube, er hätte es trotzdem wunderschön gefunden.«

Mike bekommt das Kleid nie zu sehen. Denn die Hochzeitsvorbereitungen, und die Vorfreude auf den großen Tag, werden von einer Schocknachricht überrollt.

Schon seit Wochen klagt Mike über Schmerzen im Rücken, die immer schlimmer werden, irgendetwas drückt auf seine Wirbelsäule. Er geht zum Arzt. Danach beginnt für das Paar ein Albtraum.

»Als der Chefarzt sagte, dass Mike höchstwahrscheinlich einen Tumor im hinteren Bauchraum habe, war das ein riesiger Schock für uns«, erzählt Katrin. Ihr Lächeln verschwindet.

Ganze sieben Tage muss das Paar auf die Untersuchungsergebnisse warten. Dann endlich bekommen sie Gewissheit. Traurige Gewissheit. Mike hat Krebs. Hodenkrebs.

»Als wir die Diagnose bekommen haben, fühlte es sich an, als wäre das ein Traum. Als hätten wir einen Albtraum und warten jetzt darauf, aufzuwachen. Aber wir sind nicht aufgewacht. Wir steckten weiter in dem Albtraum fest. Wir mussten uns irgendwie damit abfinden und gucken, wie es jetzt weitergeht.«

Es fällt Katrin nicht leicht, über das Erlebte zu sprechen, das wird schnell klar. Und dennoch vertraut sie mir ihre Geschichte an, erzählt so offen von der wohl schwersten Zeit ihres Lebens.

Die behandelnden Ärzte im Krankenhaus machen Katrin

und Mike Mut: Die Heilungschancen liegen bei fünfundneunzig Prozent. Das Paar schöpft neue Hoffnung, will gemeinsam den Kampf gegen den Krebs gewinnen. Doch so positiv diese Aussage der Ärzte zunächst wirkt, die Zeit der Krebstherapie verlangt Katrin und Mike einiges ab. Das junge Paar durchlebt die anstrengende und kräftezehrende Krebsbehandlung und plant nebenbei seine Hochzeit. Die gemeinsamen Zukunftspläne geben dem Paar Kraft, durchzuhalten, weiterzumachen, nach vorne zu schauen.

Und dann die Erleichterung: Die Chemotherapie schlägt gut an. Die Vorfreude auf ihren großen Tag wächst, genau wie der Glaube an ein gutes Ende. Katrin und Mike halten zusammen und glauben fest an die Erfüllung ihrer gemeinsamen Träume.

»Als dann irgendwann bekannt war, dass Mike Krebs hat, da haben wir gesagt, jetzt feiern wir erst recht. Es sollte eine richtige Party werden. Wir sind davon ausgegangen, dass alles gut wird. Und deswegen wollten wir nicht nur unsere Hochzeit an dem geplanten Termin feiern, sondern sozusagen auch Mikes zweiten Geburtstag.«

Und obwohl sich Mike gut von dem Schock der Diagnose und der Behandlung mit all ihren Nebenwirkungen erholt und das Paar mitten in den Planungen steckt, sagen Katrin und Mike die Hochzeit dann doch noch kurzerhand ab.

»Es war so ein Prozess über mehrere Tage oder Wochen«, erinnert sich Katrin. Sie trinkt einen Schluck Tee, bricht sich ein Stück vom Kuchen ab. Nach einer kurzen Pause erzählt sie weiter. »Irgendwann hatten wir das Thema noch mal auf dem Tisch. Und da haben wir dann beschlossen, dass wir das lieber erst einmal lassen. Mike sollte richtig fit sein, damit wir tanzen können. Wir wollten schöne Hochzeitsbilder. Wir wollten nicht, dass er dann da mit Glatze steht wegen der Chemotherapie. Deshalb haben wir gesagt, wir sagen die Hochzeit erst einmal ab.« Die Absage sei ja nicht endgültig gewesen, die Hochzeit sollte lediglich verschoben werden. In ihrer Stimme schwingt Hoffnung mit. Es ist einen Moment still. Es scheint, als würden in Katrins Kopf viele Bilder auftauchen, ihre Pupillen wechseln hin und her, von links nach rechts.

Katrin erzählt mir, Mike und sie hätten sich erst einmal eine kleine Planungsauszeit gegönnt. Sie konzentrieren sich auf Mike, seine Gesundheit, seinen Kampf gegen den Krebs. Mit Erfolg. Knapp ein Dreivierteljahr nach der Krebsdiagnose wird Mike als geheilt entlassen. Die Freude ist riesig, der Moment unbeschreiblich. Der Traum der großen Märchenhochzeit rückt wieder in greifbare Nähe. Das Happy End ihrer Liebe, es ist so nah.

»Nur einen Monat später kam der Krebs völlig unerwartet zurück«, sagt sie.

Ihre Atmung verändert sich, wird etwas hastiger. Mikes Körper sei voller Metastasen gewesen, erzählt sie weiter. Sie waren überall. In der Leber. In der Lunge. Im Gehirn. Dem jungen Paar fehlen die Worte. Es folgt eine weitere Chemotherapie, die Lunge und der Kopf werden bestrahlt, Mike wird mehrfach operiert.

»Man wollte es nicht so richtig wahrhaben, aber eigentlich ging es von da an nur noch bergab«, resümiert Katrin. Ihre Stimme zittert leicht. Die Bilder, die Erinnerungen an diese

220

schwere Zeit, sie lassen Katrin auch heute noch nicht los. Verständlicherweise.

Für Katrin ist die Zeit, jetzt, wo der Krebs zurück ist, eine erneute Belastung. Sie taumelt zwischen den Welten. Sie weiß, dass es für ihren Mann nicht gut aussieht. Und dennoch verdrängt sie diesen Gedanken, bleibt für Mike, für ihre Kinder, für ihre Familie stark.

Und dann kommt der Moment in der Geschichte von Katrin und Mike, der mir schon beim ersten schriftlichen Austausch Gänsehaut bereitet hat. Katrin schaut mich an. Ihr Lächeln ist verschwunden. Sie wirkt gefasst.

»Dass es die zweite Hochzeit nicht geben wird, war für mich erst am Todestag klar«, sagt sie. »Denn bis zu dem Tag, auch an dem Tag selbst, habe ich nicht gedacht, dass er stirbt.«

Katrins Blick greift sofort dieses Gefühl des Nicht-wahrhaben-Wollens auf, starr blickt sie in die Ferne. Dann wandern ihre Pupillen wieder ruckartig von links nach rechts. Ihre Gedanken kreisen. Da sind sie wieder, diese Bilder. Vor allem der letzte Moment mit Mike, der Moment seines letzten Atemzuges kommt in ihren Gedanken immer wieder hoch, erklärt Katrin mir.

»Das war ganz komisch«, sagt sie. »Ich habe mir das immer so vorgestellt, dass man alleine im Zimmer sitzt mit demjenigen, der stirbt. Aber es kamen ganz viele Freunde und Familienmitglieder. Und jeder hat irgendetwas Schönes gesagt. Es war ganz, ganz seltsam.« Katrin zögert einen Moment. Sie atmet einmal tief ein und aus. Dann erzählt sie weiter: »Mikes Atmung wurde immer schwächer, immer weniger. Ich habe seine Hand gehalten und in Gedanken zu ihm gesagt, gleich geht's dir gut. Ich glaube, laut habe ich nur noch mal gesagt, dass ich ihn liebe. Und ich habe seine Hand gehalten und nebenbei den Puls gefühlt. Und darauf gewartet, dass das Herz den letzten Schlag macht. Ich habe dann nur noch ›tschüs‹ gesagt, und das war's dann. Das war der letzte Moment.«

Mike stirbt im Alter von nur zweiunddreißig Jahren. Zurück bleiben seine Frau, die zwei kleinen Kinder, Familie und Freunde. Und Katrins ungetragenes Brautkleid.

Wenig später verlässt Katrin das Krankenhaus, ohne ihre große Liebe. Sie lässt Mike zurück und damit auch einen Teil von sich selbst. Auf dem Weg nach Hause beherrscht Stille den Moment. Die Fassungslosigkeit, die Gedanken darüber, was gerade passiert ist, nehmen den Augenblick vollkommen ein.

»Als ich dann zu Hause angekommen bin, habe ich mich zu meinen Kindern ins Bett gelegt und erst einmal versucht zu schlafen«, erinnert Katrin sich. »Als dann morgens mein Sohn aufgewacht ist, hat er mich gefragt, wo Papa ist. Er wusste in dem Moment noch nicht, dass Mike tot ist. Doch er hat scheinbar gespürt, dass irgendetwas nicht stimmt.« Katrin hält kurz inne. »Dann musste ich ihm sagen, dass Papa jetzt im Himmel ist. Dass er nicht mehr wiederkommt.«

Ihr Sohn fängt sofort an zu weinen. Katrin nimmt ihn in den Arm. Weitere Worte sind in diesem Moment überflüssig.

In den nächsten Wochen zieht sich Katrin zurück. Sie funktioniert, bewältigt ihre täglichen Aufgaben, erfüllt ihren Job, ist für ihre Kinder da. Doch sie spricht nicht viel über den Verlust, über ihre Trauer, Wut, Verzweiflung, ihre Ängste und Sorgen. Besonders schlimm ist es dann noch einmal für die junge Frau und die Familie, als Mike beerdigt wird. Am Grab wird Katrin dann richtig bewusst, dass sie Mike nicht wiedersehen wird. Dass all die Wünsche und Träume, die sie für ihre kleine Familie hatte, unerfüllt bleiben werden. Dass ihre Traumhochzeit nicht stattfinden wird. Dass ihre große Liebe nie mehr wiederkommt.

Katrin entschuldigt sich kurz, ich höre, wie sie die Treppe hinaufläuft. Wenig später kommt sie wieder, in den Händen hält sie eine silberne Schmuckschatulle. Darin: die Erinnerungen an Mike. Katrin öffnet das Kästchen und holt einen silbernen Ring hervor. Es ist ihr Ehering, in den sogar schon das Datum der geplanten kirchlichen Trauung eingraviert war.

»Mike hat seinen Ring ja mit ins Grab genommen. Ich dachte mir, der gehört ja zu ihm«, sagt sie. »Meinen bewahre ich jetzt hier auf.«

Auch einige Ketten, Armbänder und Ohrringe befinden sich in dem Kästchen.

»Mein Sohn findet alle Sachen von Papa ganz, ganz toll«, erzählt Katrin und schmunzelt. Ihr Lächeln ist zurück. »Wir gucken uns die Schmuckstücke immer gemeinsam an und machen die Kette oder die Ohrringe dann auch mal um. Ab und an schmökern wir ein bisschen darin.«

Mit der Zeit habe der Schmerz nachgelassen, sagt Katrin. Es habe seine Zeit gebraucht, aber es sei irgendwann besser geworden. Nach dem langen Tief kommt endlich wieder ein Hoch. Katrin kehrt ins Leben zurück, geht sogar wieder aus – und lernt nach einer langen Zeit des Trauerns auf einer Party einen neuen Mann kennen.

»Ich bin nicht auf der Suche nach einem neuen Mann gewesen«, sagt Katrin, und es wirkt, als müsse sie sich rechtfertigen. Sicherlich ist es für ihr Umfeld nicht leicht, dass da jetzt ein neuer Mann an ihrer Seite ist. Doch Katrin möchte Mike keineswegs ersetzen. Im Gegenteil. Sie selbst ist es, die sich zunächst gegen die neue Liebe in ihrem Leben wehrt, sich zurückhält, um ihre Familie zu schützen. Aber mit jedem Date geht es ihr besser, es passt einfach irgendwie alles.

»Und es hat so verdammt gutgetan«, fügt Katrin hinzu.

Gemeinsam mit ihrem neuen Freund schaut Katrin wieder nach vorne, vertraut dem Zauber des Neuanfangs. Und das hat auch Auswirkungen auf ihre Kinder.

»Dadurch, dass es mir auf einmal wieder gutging, ich wieder entspannter und gelassener war und weniger genervt, ging es meinen Kindern auch wieder besser.« Der neue Mann an ihrer Seite lebt sich langsam und ganz vorsichtig in die Familie ein. Und er versucht nicht, Mike zu ersetzen.

Durch ihn fängt Katrin wieder an zu leben.

Ihre Augen leuchten. Zwar schwingt in ihren Erzählungen von Mike nach wie vor Wehmut mit, doch der neue Mann an ihrer Seite gibt ihr Kraft und Halt.

Gemeinsam mit ihrem neuen Partner erlebt Katrin glückliche Monate. Irgendwann aber ist der Zauber verflogen, und die Liebe des Paares ist nicht stark genug, um die ständigen Streitereien, Unklarheiten und unterschiedlichen Lebenseinstellungen auszuhalten. Katrin trennt sich von dem Mann, der ihr nach Mikes Tod so viel Halt gegeben hat. Sie spürt, dass er ihr nicht das geben kann, was sie zu diesem Zeitpunkt braucht.

Doch sie bereut die gemeinsame Zeit nicht, denn er hat ihr die Kraft gegeben, die ihr nach Mikes Tod fehlte. Dafür ist sie ihm unendlich dankbar. Und gleichzeitig weiß sie jetzt, was wirklich wichtig ist in ihrem Leben: ihr eigenes Wohl und das ihrer Kinder.

Doch da war ja noch etwas. Katrins Brautkleid. Das Kleid, in dem sie Mike heiraten wollte. Ein zweites Mal. So richtig als Prinzessin.

Nach Mikes Tod beschließt sie, das Kleid zu verkaufen. Sie will sich von dem Kleidungsstück trennen, das ihr jeden Tag vor Augen führt, dass Mike nicht mehr da ist. Zwar schließt Katrin nicht aus, dass sie vielleicht irgendwann noch einmal heiratet, aber dann möchte sie sich ein neues Kleid kaufen. Denn ihr Prinzessinnen-Kleid war schließlich nur für Mike bestimmt.

Emily

»Enttäuschungen sind Haltestellen in unserem Leben, die uns Gelegenheit zum Umsteigen geben, wenn wir in die falsche Richtung fahren!« Diesen Spruch habe ich vor einigen Jahren mal auf einer dieser Gratis-Postkarten gelesen, die in Cafés, Bars und Clubs immer direkt neben den Toiletten platziert sind. Leider war die Karte damals schon vergriffen, und es gab nur noch dieses Anschauungsexemplar hinter der kleinen Glasscheibe. Doch zum Glück leben wir ja in einer hochtechnisierten Welt, und es gibt Smartphones. Ich habe den Spruch also kurzerhand abfotografiert und selbst ausgedruckt. Er ziert seitdem meinen Schreibtisch, genauer gesagt die unordentliche Pinnwand an der Wand daneben. Von Zeit zu Zeit, wenn mein Blick mal wieder auf die Karte fällt, weil mich der Ordnungswahn überkommt und ich die Pinnwand erst leere und dann wieder neu und ähnlich unaufgeräumt befülle, erinnert mich der Spruch daran, dass jeder Augenblick, jeder Moment, jedes Stück Weg, das wir im Leben gehen, einen Sinn hat.

Genau diese Erfahrung hat auch Emily gemacht. Viel zu lange ist sie gefangen in einer Beziehung, die sie nicht glücklich macht. Doch Emily ist nicht bereit, vier Jahre gemeinsame Zeit, Pläne und Ziele einfach so aufzugeben. Denn schließlich will sie Kevin heiraten. Oder zumindest glaubt sie das. Bis die Situation eines Abends auf einer Party eskaliert. Erst dann erkennt sie, dass die Beziehung zu ihrem vermeintlichen Traummann gar nicht so stimmig ist, wie sie immer dachte. Und sie realisiert auf einmal, dass es bereits zuvor mehrere Momente gab, in denen sich ihr die Möglichkeit geboten hätte, umzusteigen und somit einen neuen Weg einzuschlagen. Emily ignoriert diese Zeichen zunächst; zu groß ist ihre Angst, der Wahrheit ins Gesicht zu schauen. Dabei ist das Glück schon längst in ihrer Nähe und wartet nur darauf, endlich von ihr entdeckt zu werden.

Emily ist Mitte zwanzig, als sie Kevin über eine Freundin kennenlernt. Anfangs ist sie so gar nicht überzeugt von dem jungen Mann, doch mit der Zeit treffen sich die beiden häufiger auf Partys. Und dabei kommen sie immer öfter ins Gespräch. So entsteht zwischen den beiden ganz langsam ein Gefühl der Zuneigung. Bis sie dann beschließen, es als Paar zu versuchen.

»Er war einfach immer für mich da. Und ich hatte das Gefühl, er ist absolut ehrlich zu mir«, erzählt die junge Frau.

Die beiden bauen sich Stück für Stück ein gemeinsames Leben auf. Sie ziehen zusammen, kaufen sich gemeinsam einen Hund und planen ihre Zukunft. Nach etwas mehr als drei Jahren überrascht Kevin Emily mit einem Heiratsantrag – an einem warmen Tag im Juni, mitten auf dem Marktplatz des kleinen Ortes, in dem beide leben. Dass dieser Tag einmal alles ändern würde – jedoch nicht im positiven Sinne –, ahnt Emily da noch nicht. Stattdessen schwebt sie auf Wolke Sieben, als Kevin ihr, im Beisein der engsten Freunde und Familienmitglieder sowie rund hundert Zuschauern und der örtlichen Presse, die Frage aller Fragen stellt. Sogar einen Bogen aus Rosen und einen Geigenspieler hat er organisiert. Und dann gibt es kein Zurück mehr.

»Willst du mich heiraten?«, fragt er sie mit fester Stimme, während er vor ihr kniet.

»Ja. Ja. Ja. Auf jeden Fall«, antwortet sie überschwänglich.

Zeitgleich mit ihrem »Ja« hat der Hund des Paares seinen großen Auftritt. Denn er bringt die Verlobungsringe, die Kevin für die beiden ausgewählt hat. Festgebunden an einem Band um seinen Hals. Emily kann ihr Glück kaum fassen.

Doch wenn die junge Frau von diesem Moment erzählt, dann schwingt in ihrer Stimme auch ein Hauch Wehmut mit.

»Dieser Antrag hat irgendwie gar nicht zu ihm gepasst und zu mir auch nicht. Denn eigentlich sind wir beide nicht so extrovertiert«, reflektiert sie. »Ja, es gab mehrere Zeichen, die mir eigentlich hätten klarmachen müssen, dass hier irgendetwas nicht stimmt. Aber ich hatte in diesem Moment kein Auge dafür.«

Die beiden planen die Hochzeit für ein Jahr später. Mit etwas über hundert Gästen, bestehend aus Familie, Verwandtschaft und Freunden. Schon seit Kindheitstagen wünscht sich Emily eine Trauung in genau der Kirche, in der sie auch konfirmiert wurde. Sie malt sich aus, wie es wohl sein wird, wenn sie genau in dieser Kirche den Weg zum Altar entlangschreitet und ihr Verlobter sie dann zum ersten Mal in ihrem Brautkleid sieht. Dieser Augenblick bedeutet ihr alles. Das ist ihr

230

persönlicher Höhepunkt, der Moment, auf den sie am meisten hinfiebert.

Nachdem das Paar von der Kirche eine Zusage erhält, plant Emily überglücklich den nächsten großen Schritt: den Kauf ihres Brautkleides. Doch der Besuch im Brautmoden-Laden wird zur völligen Katastrophe.

»Ich habe in den viereinhalb Stunden unzählige Kleider anprobiert. Ich habe alle Schnitte und Farben ausprobiert. Und irgendwie haben die Kleider mir auch ein gutes Gefühl vermittelt, mehr aber eben auch nicht.«

Emily sehnt sich nach diesem Aha-Moment. Nach dem Augenblick, in dem sie sofort spürt, dass sie das richtige Kleid gefunden hat. Doch dieser Moment bleibt aus.

»Vielleicht stand da schon fest, dass das alles nicht hätte sein sollen.«

Emily verdrängt das komische Gefühl in ihrem Bauch und beschließt, das Brautkleid zu nehmen, das ihr am besten gefällt. Ein bodenlanges Kleid mit kleiner Schleppe und ohne Träger, mit glitzernden Pailletten und einem rosafarbenen Seidenband in der Taille. Preis: eintausendzweihundert Euro.

Die weiteren Hochzeitsvorbereitungen verlaufen dann genauso holprig wie Emilys Brautkleid-Kauf. Denn Kevin ist einfach nicht mehr wiederzuerkennen. Bereits direkt nach der Verlobung fängt er an, immer öfter und immer mehr Alkohol zu trinken. Er wirkt gedanklich abwesend, beschäftigt sich stundenlang nur noch mit seinem Handy und vergreift sich immer öfter im Ton. Und er lässt Emily deutlich spüren, dass ihm die Hochzeit egal zu sein scheint.

»Plötzlich sollte ich alle Entscheidungen alleine treffen, er hat sich überhaupt nicht mehr für mich und unsere Hochzeit interessiert.«

Emilys Vertrauen in ihre Beziehung zu Kevin beginnt langsam zu bröckeln. Es vergehen noch ein paar weitere Wochen, bis Emily beschließt, ihrem plötzlichen Misstrauen auf den Grund zu gehen. Mitten in der Nacht nimmt sie sich Kevins Handy und findet darin unzählige Nachrichten, die er sich mit anderen Frauen schreibt, in denen er sich mit ihnen verabredet.

Wie kann er ihr das nur antun? Emily ist schockiert und gefasst zugleich. Sie kann nicht glauben, was sie da liest. Sie ist enttäuscht, will aber dennoch die Beziehung nicht so schnell aufgeben. Denn schließlich haben die beiden Pläne. Hochzeitspläne. Und so ganz ohne Kevin zu sein, das kann sich Emily zu diesem Zeitpunkt noch nicht vorstellen.

Sie bewahrt also Ruhe, distanziert sich aber gleichzeitig etwas von Kevin. Erst einmal will sie die Situation weiterbeobachten, abwarten. Doch ein paar Wochen später, nach insgesamt vier gemeinsamen Jahren, unzähligen Augenblicken und Momenten, einem Heiratsantrag und den gemeinsamen Plänen endet die Beziehung der beiden mit einem heftigen Knall.

Auf einer Party eskaliert die Situation. Kevin hat mal wieder ziemlich viel getrunken und gerät in einen Streit. Es kommt zu einer Rangelei, bei der er seine Brille verliert. Als Emily das mitbekommt, eilt sie zu ihm, will ihm helfen. Sie hebt seine Brille vom Boden auf, redet beruhigend auf Kevin ein. Doch statt seiner Verlobten dankbar zu sein, verpasst er ihr eine Kopfnuss und beschimpft sie vor allen Leuten.

»Verpiss dich, du Miststück«, schreit er sie an.

Es sind Worte, die Emily wohl niemals in ihrem Leben vergessen wird. Sie ist verletzt, enttäuscht und zu tiefst gekränkt. Wie hat sie sich so in Kevin täuschen können?

Emily flüchtet von der Party. Sie braucht Zeit für sich.

Doch so einschneidend dieser Moment ist, er hat auch etwas Gutes. Denn endlich erkennt Emily ihren eigenen Wert. Und auf einmal sieht sie vieles ganz klar. Sie kann und sie will diesen Mann nicht heiraten. Sie will mit Kevin nicht mehr zusammen sein, mit einem Mann, der sie wie das letzte Stück Dreck behandelt. Der Mann, der sich seit ihrer Verlobung um hundertachtzig Grad gedreht hat. Lange genug hat sie ihr eigenes Glück hintangestellt. Nun ist es an der Zeit, wieder an ihr eigenes Wohl zu denken.

Als Emily zurück in das gemeinsame Haus kommt, packt sie sofort ihre Sachen und zieht zu einer Freundin. Aber Kevin will das nicht akzeptieren und beginnt, Emily hinterherzurennen. Er spioniert ihr nach, er verfolgt sie auf Schritt und Tritt. Und er droht sogar, sich umzubringen, sollte sie nicht zu ihm zurückkehren.

Als Emily das hört, schickt sie sofort eine Freundin bei ihm vorbei. Denn obwohl sie froh ist, die Beziehung beendet zu haben, macht sie der Gedanke vollkommen fertig, dass er sich ihretwegen etwas antun könnte.

Als Kevin dann die Haustür öffnet und nicht, wie von ihm erhofft, Emily, sondern ihre Freundin vor der Tür stehen sieht, rastet er erneut aus. Und wieder droht er damit, sich ins Auto zu setzen und gegen einen Baum zu fahren, sollte Emily nicht bei ihm auftauchen.

Doch die junge Frau denkt gar nicht daran. Stattdessen

wählt sie zusammen mit ihrer Freundin den Notruf. Und wenig später wird Kevin in eine geschlossene Psychiatrie eingewiesen.

»Ich dachte, damit ist endlich Ruhe«, sagt Emily.

Aber sie täuscht sich. Nach vier Monaten in der Psychiatrie wird Kevin entlassen. Und die Therapie scheint keine allzu große Veränderung bewirkt zu haben. Denn direkt nach der Entlassung sucht Kevin als Erstes Emily auf.

Die ist zu ihrem Glück nicht zu Hause, und so lässt er seine Wut an ihrem Auto aus. Er zerkratzt es und zersticht die Reifen. Erneut beginnt er, ihr nachzuspionieren. Emily will das nicht auf sich sitzen lassen und zeigt ihn an. Und auf der Polizeiwache erfährt sie dann, dass Kevin bereits wegen schwerer Körperverletzung vorbestraft ist.

»Das war wirklich schrecklich. Es kam immer mehr ans Licht. Ich konnte nicht glauben, dass ich mich so in ihm getäuscht hatte.«

Vor allem seine ehrliche Art war es ja, die sie von Anfang an begeistert hatte. Doch auch das war wohl nur gespielt.

Emily braucht Monate, um diesen Schock und all die damit verbundenen Erlebnisse zu verarbeiten. Vor allem ihr bester Freund gibt ihr in dieser schweren Zeit den nötigen Halt. Der Mann, der auch ihr Trauzeuge bei ihrer Hochzeit mit Kevin gewesen wäre und der alles hautnah miterlebt hat. Die beiden sind schon seit vielen Jahren befreundet, und für Emily ist er wie ein Fels in der Brandung.

»Dass daraus mal mehr wird, hätte ich nie gedacht«, sagt sie und schmunzelt.

Denn plötzlich ist da jemand, der ihr zuhört, ohne sie zu

unterbrechen. Der sich immer und immer wieder mit Emilys Vergangenheit beschäftigt. Mit dem sie über all ihre Ängste und Sorgen reden kann. Jemand, der ihr hilft, ohne eine Gegenleistung dafür zu verlangen. Der ihre alten Wunden heilt, ohne es zu wissen. Der mit ihr lacht und scherzt und ihr so wieder Mut und Hoffnung gibt. Jemand, der ihr zeigt, dass das Leben auch anders sein kann, und der ihr das Gefühl gibt, etwas ganz Besonderes zu sein.

Dieser Augenblick, in dem sich Emily ihrer Gefühle für ihren besten Freund bewusst wird, ist ein Moment, in dem sie eigentlich andere Dinge im Kopf hat. Viel zu sehr hängt sie gedanklich den grauen Tagen, den dunklen Momenten der Vergangenheit hinterher. Dass sie sich neu verlieben würde, ist für sie eine Überraschung. Einer dieser Augenblicke, in dem ihr Herz plötzlich nicht mehr aus Gewohnheit, sondern vor lauter Freude schlägt.

Als ich Jonas kennenlerne, ist das ein ähnlicher Moment. So wie bei Emily auch sind meine Gedanken an diesem Tag ganz woanders. Niemals hätte ich gedacht, dass ich an diesem einen Abend den Mann kennenlernen würde, den ich einmal heirate. Warum auch. Denn dieser Abend, an dem ich gemeinsam mit meiner Schwester auf einer WG-Party eingeladen war, sollte ein reiner Mädelsabend werden. Ich hatte genug von der unzuverlässigen Männerwelt, vor allem von den schlechten Erfahrungen und den Enttäuschungen.

Nach einer gefühlten Ewigkeit des Scheiterns, einer Zeit des Suchens und Nicht-Findens, ist für mich klar: Da kommt keiner mehr. Ich werde nie den passenden Partner finden.

Was passt also besser in diesen Moment als ein lustiger Abend mit meiner Schwester? Doch kaum haben wir die Party-Wohnung erreicht, kaum haben wir das erste Bier in der Hand, da tritt Jonas in mein Blickfeld.

Meine Schwester und ich stehen etwas abseits der Tanzfläche und unterhalten uns gerade, als dieser junge Mann auf uns zusteuert. Wir kommen direkt ins Gespräch, denn ich versperre ihm den Weg zu seinen Getränkemitbringseln, die in einer Tüte direkt hinter mir an der Wand lagern.

Ich denke mir nichts dabei, schließlich hat sich mein Vorsatz, männerfrei zu bleiben, tief in mein Bewusstsein eingebrannt. Doch mit dem ersten Bier, das ich leere, lockere ich meine Einstellung. Und so endet der Abend mit einem Kuss in einem der ruhigen Nebenzimmer und dem Austausch von Handynummern.

Zwei Tage nach unserem Kennenlernen meldet sich Jonas, und ein paar Wochen später sind wir offiziell ein Paar. Wie er mir später erzählt, wusste er bereits ab der ersten Minute, dass ich die Frau bin, die er einmal heiraten möchte. Ich hingegen habe da etwas länger gebraucht, um zu verstehen, dass er der richtige Mann für mich ist. Aber immerhin: Ich habe es irgendwann verstanden – und bis heute habe ich meine Entscheidung nicht bereut.

Emilys Trauzeuge, ihr bester Freund, ist für sie, wie sie selbst sagt, »ein Geschenk des Himmels«. Er ist immer für sie da, er lenkt sie ab. Und: Er ist schon seit mehreren Jahren in sie verliebt.

»Er hätte mit mir vor dem Altar gestanden und mich, obwohl er mich liebt, in die Hände eines anderen Mannes gegeben«, sagt Emily voller Bewunderung.

Die beiden lassen es langsam angehen, behalten ihre Liebe zunächst einmal für sich. Denn in dem kleinen Ort, in dem beide wohnen, wird immer sofort getratscht, und Emily hat einfach keine Lust auf Sätze wie »die Braut ist mit ihrem Trauzeugen durchgebrannt«. Aber irgendwann trauen sich die beiden auch gemeinsam als Paar in die Öffentlichkeit, sie ziehen zusammen und schmieden gemeinsam Pläne. Und genau das gibt Emily die Sicherheit, die sie nach all den schlechten Erfahrungen mit Kevin braucht.

Doch ans Heiraten denken beide aktuell nicht.

»Wir sind sehr glücklich, und das ist die Hauptsache. Und manchmal sind es eben auch nicht die großen Worte und Taten, sondern die kleinen Zeichen, die wichtig sind.«

Also nicht der Antrag mit unzähligen Zuschauern auf dem Marktplatz, sondern vielmehr der Kuss auf die Stirn bei einem gemütlichen Spaziergang. Es gibt eben Erinnerungen, die an Glanz verlieren, wenn man erst einmal merkt, wie falsch die Person ist, mit der man sie erlebt hat.

Ihr Brautkleid hat Emily inzwischen übrigens erfolgreich verkauft. Für 265 Euro. Von dem Geld hat sie sich gemeinsam mit ihrem neuen Freund einen Abend im Theater gegönnt. Eine Vorstellung, die sie schon lange sehen wollte.

»Im Leben passiert eben nichts ohne Grund«, sagt sie und lacht.

Hannah

Es sind nur noch zwei Wochen bis zu unserer Hochzeit. Langsam, aber sicher werde ich immer mehr zur Bridezilla – einer Mischung aus Braut und Godzilla – also ein echtes hochzeitswütiges Ungeheuer. Meine Laune schwankt von Minute zu Minute, ich fühle mich gestresst und überfordert. Was ist, wenn den Gästen die Hochzeit nicht gefällt? Was passiert, wenn die Gäste sich langweilen? Und wenn es regnet? Wir planen eine Trauung auf der Wiese eines Hofguts, wir haben keinen Plan B. Es darf nicht regnen! Ich brauche einen Regenschirm!

Hoffentlich kleckere ich beim Essen nicht auf mein Kleid. Ich brauche einen Fleckenstift! Meine Schuhe könnten drücken. Ich brauche Blasenpflaster! Oder Ersatzschuhe. Und wenn die Sonne scheint und es wirklich so warm wird? Dann zerfließe ich doch in meinem langen Brautkleid. Nachher hole ich mir noch einen Sonnenbrand. Und dann habe ich am Ende das Blumenmuster der Spitze meines Brautkleides auf meiner Haut. Na toll. Ich brauche Sonnencreme! O Gott. Aber am Ende des Abends wird es immer total kalt. Vielleicht muss ich mir doch noch eine Strickjacke besorgen. Zum Beispiel in der Farbe Gelb, passend zu unseren Hochzeitsfarben. Aber dann muss es der gleiche Farbton wie bei meinem Blumenkranz und meiner Tasche sein. Und wir brauchen Decken, Wolldecken, für die Gäste. Außerdem Nadel und Faden, falls mein Brautkleid reißen sollte.

Apropos Brautkleid: Die Schneiderin konnte mein Problem tatsächlich lösen, indem sie das Kleid an der Hüfte weiter gemacht hat. Ich kann mich nun frei darin bewegen, ich kann darin hüpfen, springen und tanzen.

Und dennoch: Ich finde einfach keine Ruhe. Der Wetterbericht treibt mich nach wie vor in den Wahnsinn, und ich bin der festen Überzeugung, dass ich doch noch ein weiteres Kleid brauche. Selbst Jonas kann mich jetzt nicht mehr davon abhalten. Ich stecke voll und ganz im Hochzeitsrausch und sehe nur noch Brautkleider. Überall. Und Hochzeiten. Und Bräute. Und Deko. Und dann wieder Brautkleider, die plötzlich auch noch schöner sind als meines oder die besser zum Wetter passen oder die vielleicht eher meiner Figur schmeicheln. Ich kann also nicht anders. Statt einfach mal eine Pause einzulegen und durchzuatmen, starte ich erneut die Suche nach meinem Traumkleid.

Es vergehen einige Stunden, dann habe ich zwei weitere Brautkleider gefunden, vielmehr zwei weiße Sommerkleider, die mir auf Anhieb gefallen und die deshalb direkt in meinem Warenkorb landen. Das eine ist knielang, mit kurzen, leicht transparenten Armen und soll gerade einmal vierzig Euro kosten. Das andere ist bodenlang, ärmellos und hat einen V-Ausschnitt. Es ist mit einer leichten Spitze verziert und soll sechzig Euro kosten.

Es dauert diesmal ein paar Tage länger, bis die Pakete mit den Kleidern bei mir eintreffen. Drei Tage vor der Hochzeit ist es dann so weit. Als der Paketbote klingelt, bin ich im Gegensatz zu meiner ersten Brautkleid-Anprobe überhaupt nicht nervös. Ehrlich gesagt, ist diese zweite Brautkleid-Anprobe nicht wirklich etwas Besonderes. Vielleicht spüre ich auch ganz tief in meinem Inneren, dass ich diese zwei neuen Kleider gar nicht brauche. Denn unterbewusst habe ich meine Entscheidung vielleicht schon längst gefällt? Oder kann man diesen magischen, bejahenden »Das ist mein Kleid«-Moment tatsächlich mehr als einmal erleben?

Ich öffne die Kartons und probiere die Kleider nacheinander an. Das lange Kleid, ohne Ärmel, dafür mit V-Ausschnitt und Spitze, passt wie angegossen. Und es gefällt mir. Zwar empfinde ich nicht die gleiche Euphorie und würde vermutlich auf die Frage: »Ist das dein Kleid?« vermutlich eher mit »Joa« statt mit einem klaren, selbstbewussten »Ja« antworten.

Doch da mir keiner diese Frage stellt, beschließe ich einfach still und leise, dass dieses Kleid mein Backup-Kleid wird. Falls ich vor lauter Hitze in dem anderen Kleid eingehen sollte, es kaputtgeht oder ich mir Rotwein darüberkippe. Und sollte nichts davon der Fall sein, ziehe ich es einfach im nächsten Sommer am Strand an.

Ja, und dann ist da ja noch das kurze Kleid mit den transparenten Elementen und der A-Linie. Diesmal habe ich bei beiden Kleider die Größe M bestellt, doch während das erste neue Kleid passt, kann ich in diesem Kleid kaum atmen.

»Wer hat eigentlich diese Größen festgelegt?«, frage ich mich selbst, während ich in den Spiegel schaue. Na ja, wie dem auch sei. Ich bin, ehrlich gesagt, ganz froh, dass das Kleid nicht passt. So muss ich mich wenigstens nicht zwischen drei Kleidern entscheiden.

Ich überlege für einen kurzen Moment, ob ich das Kleid zurückschicken soll, doch dann sehe ich, dass die Rücksendung zu teuer wäre. Und so beschließe ich, das Kleid zu behalten. Irgendwo werde ich bestimmt eine Käuferin dafür finden.

Und mit diesem Entschluss bin ich ganz plötzlich eine der Frauen, über die ich direkt nach meinem Heiratsantrag noch gerätselt habe. Warum verkauft jemand ein ungetragenes Brautkleid?

Inzwischen kenne ich die Antwort. Oder vielmehr weiß ich, welche Beweggründe dahinterstecken können. So zum Beispiel der tragische Verlust eines Menschen (Katrin). Oder eine geplatzte Hochzeit, aus welchen Gründen auch immer (Tanja, Julia, Demet, Charleen, Josie, Lilly, Astrid oder Emily). Sei es aus dem Grund, dass die traumatischen Erinnerungen an die eigene Kindheit einen einholen (Kerstin). Oder weil eine Braut andere Vorstellungen von ihrem Kleid hatte (Melanie oder Miriam). Oder weil jemand wie ich dem Hochzeitsrausch verfallen ist und sich vor lauter Brautkleidern nicht entscheiden konnte.

Ganz am Anfang, als ich genau diese »Ich konnte mich nicht entscheiden«-Antwort auf meine Anfrage zu lesen bekam, habe ich mich immer gefragt, wie man nur so unkontrolliert und planlos sein kann. Ich konnte einfach nicht verstehen, warum jemand seine eigenen Wünsche und Vorstellungen scheinbar nicht definieren und dadurch auch nicht klar umsetzen konnte.

Seitdem ich eine von genau diesen Frauen bin, die jetzt ihr

ungetragenes Brautkleid, das sie einem Kaufrausch verdankt, im Internet zum Kauf anbietet – ja, ich habe inzwischen tatsächlich auch solch eine Verkaufsanzeige geschaltet –, weiß ich, wie leicht es ist, sich in der Menge des Angebots zu verlieren.

Fast genauso häufig wie die »Ich konnte mich nicht entscheiden«-Antwort, habe ich übrigens die Sätze »Ich habe das Kleid in Asien bestellt, aber es passt mir nicht richtig« oder »Ich habe mir das Kleid im Ausland bestellt, aber die Retoure ist viel zu teuer, so dass ich es jetzt einfach auf diesem Wege verkaufe« gehört.

Das Angebot ist aber auch verlockend. Auf diesen asiatischen Seiten werden vermeintliche Traumkleider zum Schnäppchenpreis angeboten, für wenige hundert Euro. Die Kleider sind auf den Fotos perfekt in Szene gesetzt, doch das Produkt, das am Ende bei der Käuferin ankommt, sieht meist nur halb so schön aus. Oft muss man sogar nach der Ähnlichkeit zu den Fotos suchen.

Und da eine Retoure, so wie in meinem Fall, auch eben mit hohen Gebühren verbunden ist, bleibt den Käuferinnen meist keine andere Möglichkeit, als es anderweitig zu verkaufen.

Platz drei der meistgenannten Gründe, warum ein Brautkleid nicht zum Einsatz kommt, belegt übrigens die ungeplante Schwangerschaft. Oft schwingt in diesen Verkaufsanzeigen ein Hauch Wehmut mit. Zwar freuen sich die Frauen über den Nachwuchs, doch sie trauern gleichzeitig ihrem Brautkleid hinterher, in das sie nun nicht mehr hineinpassen. Sie müssen also weitersuchen.

Für mich ist die Jagd nach dem perfekten Kleid endlich beendet. Ich beschließe, in dem Kleid zu heiraten, das mir direkt das beste Gefühl gegeben hat. Dem bodenlangen Sommerkleid mit zarter Häkelspitze. Das zweite lange Kleid, ohne Ärmel und mit V-Ausschnitt, bewahre ich als Ersatzkleid auf.

Und ein paar Wochen später ist es dann endlich so weit. Mein großer Tag ist gekommen. Heute werde ich heiraten. Ich bin früh wach, fit und voller Energie. Die Vorbereitungen sind beendet, wir haben Tische und Stühle aufgestellt, eine Wasser- und eine Candybar errichtet, jede Menge Blumen, Kerzen, Deko, Bilderrahmen, Wegweiser und Girlanden im Saal, auf dem Hof und der angrenzenden Wiese verteilt. Wir haben Getränke kalt gestellt und die Tische eingedeckt, die Badezimmer mit Notfallkörbchen ausgestattet und einen Foto-Automaten aufgebaut. Ja, ich glaube, wir haben an alles gedacht.

Und – zu meiner eigenen Verwunderung – passt alles irgendwie zusammen. Zwischenzeitig waren Jonas und ich uns da ja nicht mehr so richtig sicher, doch als wir alles aufgebaut haben, sind wir mit dem Ergebnis zufrieden.

Während Jonas sich an diesem Morgen in Begleitung seines besten Freundes im Hotelzimmer fertig macht, fahre ich noch einmal mit meiner Mutter und meiner Schwester zu unserer Scheune, um die letzten Handgriffe zu erledigen. Sobald wir damit durch sind, wechseln Jonas und ich uns ab. Dann werde ich von meiner Stylistin im Hotel zurechtgemacht, und Jonas erledigt die letzten To-dos und empfängt die ersten Gäste.

Kurz vor fünfzehn Uhr geht es endlich los. Make-up und Haare sitzen perfekt, und ich schlüpfe in mein Brautkleid.

Der Wetterbericht hat zum Glück nicht recht behalten. Es ist mit gerade einmal zweiundzwanzig Grad weit weniger warm als vorhergesagt. Was für ein Glück, dass ich ein langes Kleid mit langen Armen trage. Zudem wechseln sich Sonne und Wolken ab, so dass ich auch keine Angst haben muss, direkt einen Sonnenbrand zu bekommen. Ich bin erleichtert.

Die letzten Tage waren für mich so unbeschreiblich stressig. Jeden Tag bin ich gedanklich alle möglichen Horrorszenarien durchgegangen, habe immer und immer wieder den Wetterbericht gecheckt, einen Plan B entworfen.

Doch nun fügt sich alles zusammen, und es scheint, als sei das Glück an diesem Tag auf unserer Seite. Als ich mich ein letztes Mal in meinem Brautkleid im Spiegel betrachte, fühle ich mich frei, wild und wunderbar. Das Kleid sitzt dank der Änderungen jetzt perfekt, es harmoniert mit meinem Blumenkranz, meinen Schuhen und meiner kleinen gelben Handtasche. Ich trage seit langem mal wieder Ohrringe und Nagellack und dank der Stylistin habe ich einen Augenaufschlag, den mir so schnell keiner nachmachen kann. Ich bin rundum zufrieden und voller Vorfreude auf den Tag.

Als ich wenig später bei der Location ankomme und Jonas und ich uns das erste Mal als Braut und Bräutigam gegenüberstehen, kann ich mein Lächeln nicht mehr zurückhalten.

Ich spüre direkt: Dieser Tag wird genauso, wie ich ihn mir immer vorgestellt habe.

Ich bin aufgeregt und gleichzeitig erfüllt von einer tiefen, inneren Ruhe. Einem Gefühl der Sicherheit. Es sind nicht nur Jonas leuchtende Augen und sein breites Lächeln, als er mich sieht, oder die kleinen Tränen und zitternden Hände, die ich während der Trauung wahrnehme. Es ist vielmehr auch mein Brautkleid, das mir ein absolut gutes Gefühl gibt. Das erste Mal in meinem Leben fühle ich mich von Kopf bis Fuß einfach wundervoll.

Nie im meinem Leben hätte ich gedacht, dass mich ein Stück Stoff so glücklich machen kann. Doch so ist es. Dieses Brautkleid ist etwas Besonderes für mich. Ich werde immer wieder daran zurückdenken und sagen: Ja, es war das perfekte Kleid für mich. Es hätte kein besseres Brautkleid für mich geben können.

Nachwort

Hätte man mir vor ein paar Jahren gesagt, dass Heiraten zur Sucht werden kann, hätte ich womöglich Reißaus genommen oder mich vor lauter Lachen nicht mehr eingekriegt. Aber dadurch, dass mich dieser magische Zauber ganz plötzlich überrannt hat, bleibt mir nichts anderes übrig, als mich der Vorbereitungszeit, der Hochzeit und selbst der berauschenden Zeit danach mit all ihren Höhen und Tiefen vollends hinzugeben.

Durch meine Verlobung, die Zeit meiner Buchrecherche und durch meine eigenen Hochzeitsvorbereitungen konnte ich unfassbar viel lernen.

Plötzlich geht es nicht mehr nur darum, was ich beruflich machen will oder auf welche Stelle ich mich als Nächstes bewerben möchte. Nein. Es geht um mich als Person. Um meine tiefsten, innersten Sehnsüchte. Auf einmal geht es für mich um das Zulassen von Ängsten, um die Auseinandersetzung mit der eigenen Kindheit, mit den Höhen und Tiefen des Erwachsenwerdens. Nie zuvor habe ich mir so viele Gedanken über mich selbst gemacht.

Doch es ist nicht nur meine eigene Hochzeit, die mich verändert.

Vor allem sind es die Geschichten von Tanja, Julia, Miriam,

Demet, Charleen, Helen und ihrer Tochter Melanie, Kerstin, Josie, Lilly, Astrid, Katrin und Emily, die Geschichten ihrer ungetragenen Brautkleider, die mich zum Nachdenken, zur Auseinandersetzung mit dem Leben, der Welt da draußen und meinem innersten Ich anregen.

Und irgendwie entdecke ich bei der Recherche, bei der Auseinandersetzung mit den Erlebnissen, auch mich in jeder einzelnen Geschichte an irgendeiner Stelle wieder.

So unterschiedlich unsere Leben auch sind, und so wenig die Geschichten der Brautkleid-Verkäuferinnen auf den ersten Blick mit meiner eigenen Geschichte zu tun haben, im Kern haben wir alle etwas gemeinsam. Denn all diese Frauen, ja, auch ich gehöre dazu, haben sich über einen bestimmten Zeitraum, zwischen Verlobung und geplanter Hochzeit, ihren innersten Bedürfnissen gestellt, sie haben ihre Kindheitswünsche offengelegt, sie haben sich jemandem anvertraut, sie haben gehofft, gelacht und auch geweint.

Doch auch wenn das Leben manchmal komische Wege geht, auch wenn Träume zerplatzen, Brautkleider ungetragen bleiben, sich unsere Lebenspfade von heute auf morgen plötzlich verändern, Menschen uns verlassen, von denen wir dachten, dass sie uns ein Leben lang begleiten werden, ist und bleibt das Leben lebens- und liebenswert.

> Am Ende wird alles gut.
> Und wenn es nicht gut ist,
> ist es noch nicht das Ende.
> OSCAR WILDE

Lars Amend
Magic Monday
52 Gründe morgens aufzustehen
Band 03357

Magic Monday – Das Motivationsbuch
für die Generation Facebook!

Kennst du dieses unglaubliche Glücksgefühl, alles erreichen zu können, und diese unendlich zerstörerische Traurigkeit, die einen überkommt, wenn man nicht weiß, wie man diesen Schritt, der noch fehlt, gehen soll?
Magic Monday ist deine Prise Motivation, dein täglicher Begleiter, der dir in schwierigen Momenten zuflüstert: »Gib jetzt nicht auf! Lebe deinen Traum. Denke immer daran: Du bist auf der Welt, um glücklich zu sein.«

Das gesamte Programm gibt es unter
www.fischerverlage.de

Voller magischer Momente für Leser

Buchbewertungen und Buchtipps von leidenschaftlichen Lesern, täglich neue Aktionen und inspirierende Gespräche mit Autoren und anderen Buchfreunden machen Lovelybooks.de zum größten Treffpunkt für Leser im Internet.

LOVELYBOOKS.de
weil wir gute Bücher lieben